これで安心！
障害者雇用の新しい進め方

障害種類に応じた職場での配慮ポイント

布施 直春
Fuse Naoharu

労働調査会

はじめに

　平成30年4月1日から事業主に義務付けられている障害者の法定雇用率が引き上げられます。民間企業については、現在の2.0％が2.2％になります。さらに、平成33年3月31日までの間に、2.3％に引き上げられます。

　企業における障害者の実際の雇用率が法定雇用率に達していない場合には、不足する障害者1人分につき年間60万円を国から強制的に雇用納付金として徴収されます。

　また、平成28年4月からは、すべての事業主に対して、「障害者差別禁止指針」及び「合理的配慮指針」が適用されています。事業主としては、これら障害者雇用促進法に定められていることを順守していくことが、障害者雇用についての当面の課題になります。なかでも、企業が法定雇用率を達成するためには、うつ病などの精神障害者、アスペルガー症候群などの発達障害者の新規雇用に積極的に取り組んでいくことが求められます。

　本書では、第1部で、障害者雇用促進法改正後の法定雇用率や雇用納付金制度など同法のしくみと企業の対応の仕方をできるだけわかりやすく解説しています。さらに、第2部、第3部では、企業等が上記の指針を順守して障害者を採用し、採用後の雇用管理を適法に行うためのノウハウを解説しています。

　具体的には、2つの指針の内容を踏まえ、「身体障害者」、「知的障害者」、「精神障害者」、「発達障害者」、「高次脳機能障害者」、及び「難病に起因する障害者」について、それぞれの障害についての特性、職場での配慮ポイントと実施事例を紹介しています。

　本書が、各企業における障害者の適法で積極的な雇用の促進と雇用管理に役立てば、筆者の幸いとするところです。

平成29年7月

布施　直春

目　次

第1部　平成25年改正障害者雇用促進法と平成30年4月からの法定雇用率の引上げ …… 1

1　障害者雇用促進法のしくみ ………… 2
2　障害者の法定雇用率・雇用納付金制度 ………… 2
1. 障害者の法定雇用率制度とは……………………………………… 2
2. プライバシーに配慮した障害者の把握・確認の仕方……………… 4
3. 法定障害者雇用率を2.3％に引上げ……………………………… 6
4. 法定雇用率達成に必要な雇用障害者数…………………………… 6
5. 除外率制度とは……………………………………………………… 8
6. 改正障害者雇用促進法が対象とする「障害者」とは………………10
7. 平成30年4月から雇用義務の対象とされる「障害者」とは………12
8. 精神障害者（発達障害者を含む）の法定雇用率の取扱い…………13
9. 子会社などについての法定雇用率算定の特例とは…………………14
10. 法定雇用率未達成企業に対する行政指導とは………………………19
11. 障害者雇用納付金制度とは…………………………………………22
12. 事業主の「その他の義務」とは……………………………………24

3　平成25年改正障害者雇用促進法の目的、改正内容、施行期日 ………25
1. 世界各国の障害者雇用義務化の方式………………………………25
2. 障害者の権利に関する条約とは……………………………………26
3. 平成25年改正障害者雇用促進法の改正理由・改正内容・施行日……28
4. 事業主の障害を理由とする差別の禁止規定とは……………………30
5. 事業主の障害者に対する合理的な配慮の提供義務規定とは…………31
6. 事業主の差別禁止と合理的配慮義務を担保する規定………………32

4　障害者についての基礎知識 ………32
1. 障害者とは…………………………………………………………32
2. 障害の種類…………………………………………………………33
3. 障害者手帳の種類とあらまし………………………………………34
4. 日本の障害者数……………………………………………………36
5. 障害者の雇用状況…………………………………………………37

第2部　企業における障害者の雇用管理と障害者差別禁止指針の順守 ……… 39

- 序　指針の順守が雇用管理の基本 ……… 40
- 1　障害者差別禁止指針の趣旨、基本的な考え方、その措置が法違反とならない場合 ……… 40
- 2　障害者の雇用管理の基本的事項と障害者差別禁止指針の規定内容 … 41
  - 1　募集・採用 ……… 41
  - 2　配置 ……… 47
  - 3　労働時間 ……… 48
  - 4　最低賃金制度 ……… 49
  - 5　障害者についての最低賃金の減額特例許可制度 ……… 53
  - 6　教育訓練 ……… 60
  - 7　昇進・降格 ……… 65
  - 8　雇用管理の各ステージにおける障害者差別の禁止 ……… 67
- 3　人間関係 ……… 71
  - 1　職場での障害者との人間関係 ……… 71
  - 2　人間関係の改善の仕方 ……… 73
- 4　職場の安全衛生の確保 ……… 77
  - 1　職場の安全衛生の大切さ ……… 77
  - 2　障害者と労働災害の関係 ……… 77
  - 3　安全衛生管理のポイント ……… 78
- 5　心身の健康管理 ……… 84
  - 1　障害者の心身の健康管理 ……… 84
  - 2　身体障害者の健康管理のポイント ……… 86
  - 3　精神障害者の心身の健康管理 ……… 87
- 6　障害者の職場適応を高めるために ……… 89
  - 1　「よい職場適応」とは ……… 89
  - 2　障害者の職場適応を高めるための対策 ……… 90
  - 3　問題点把握のためのチェックポイントと具体的対応策 ……… 91
  - 4　生活指導など ……… 92

	7	在宅勤務と在宅就業	93
	①	基礎知識	93
	②	在宅勤務とは	96
	③	在宅就業とは	97
	④	在宅勤務社員の就業規則のモデル例	101
	⑤	在宅勤務制度の導入・運営の際の留意点	104

第3部　障害者の障害種類別の特性と職場における合理的配慮指針の実施事例 …… 107

序　事業主の障害者に対する合理的配慮指針の規定内容 …………… 108

第1章　身体障害
　　　　　—肢体不自由、視覚障害、聴覚・言語障害、内部障害— … 119

1　身体障害者についての共通知識 …………………………………… 120
　① 身体障害者・重度身体障害者とは ……………………………… 120
　② 従業員が身体障害者であることの確認方法 …………………… 120
　③ 身体障害者の雇用状況 …………………………………………… 123

2　肢体不自由—上肢、下肢、体幹、脳性マヒ— …………………… 123
　① 肢体不自由の障害種類、特性等 ………………………………… 123
　② 肢体不自由者の生活上の支障 …………………………………… 125
　③ 肢体不自由の障害原因である疾病等の特徴及び健康管理 …… 126
　④ 肢体不自由者の職場配置に当たっての留意点 ………………… 131
　⑤ 肢体不自由者についての合理的配慮指針に基づく配慮事例 … 133

3　視覚障害—全盲、弱視、視野狭窄— ……………………………… 136
　① 視覚障害の種類、特性等 ………………………………………… 136
　② 視覚障害者についての合理的配慮指針に基づく配慮事例 …… 140

4　聴覚・言語障害
　　—聴覚障害、平衡機能障害、音声・言語・そしゃく機能障害— … 142
　① 聴覚・言語障害の障害種類、特性等 …………………………… 142
　② 聴覚・言語障害者の就業上の配慮ポイント等 ………………… 148
　③ 聴覚・言語障害者についての合理的配慮指針に基づく配慮事例 … 151

5　内部障害
　　―心臓機能障害、じん臓機能障害、呼吸器機能障害、
　　　ぼうこう・直腸・小腸機能障害、肝臓機能障害、
　　　ヒト免疫不全ウイルス（HIV）による免疫機能障害― ………… 153
　　1　内部障害の種類………………………………………………………… 153
　　2　内部障害の特性………………………………………………………… 154
　　3　心臓機能障害とは……………………………………………………… 155
　　4　じん臓機能障害とは…………………………………………………… 156
　　5　呼吸器機能障害とは…………………………………………………… 157
　　6　ぼうこう・直腸・小腸機能障害とは………………………………… 158
　　7　肝臓機能障害とは……………………………………………………… 160
　　8　ヒト免疫不全ウイルス（HIV）による免疫機能障害とは………… 160
　　9　内部障害者についての合理的配慮指針に基づく配慮事例………… 161

第2章　知的障害 ……………………………………………………… 163
　　1　知的障害者の定義・判定基準等……………………………………… 164
　　2　知的障害者の特性……………………………………………………… 166
　　3　知的障害者の雇用状況………………………………………………… 168
　　4　知的障害の原因………………………………………………………… 169
　　5　知的障害者の言動面の傾向等………………………………………… 170
　　6　知的障害者のてんかん発作などの合併障害………………………… 171
　　7　知的障害者についての職場の配慮ポイント………………………… 172
　　8　知的障害者についての合理的配慮指針に基づく配慮事例………… 174

第3章　精神障害（狭義）
　　―気分障害、統合失調症、てんかん、不安障害― ………… 181
　1　精神障害についての共通知識 …………………………………………… 182
　　1　精神障害とは…………………………………………………………… 182
　　2　精神障害の種類………………………………………………………… 182
　　3　精神障害者保健福祉手帳とは………………………………………… 183
　　4　精神疾患（病気）と精神障害との関係……………………………… 185

2 気分障害（うつ病、そううつ病） ……………………………… 186
- ① 気分障害とは …………………………………………………… 186
- ② うつ病とは ……………………………………………………… 187
- ③ 新型（現代風）うつ病の特性 ………………………………… 189
- ④ そううつ病とは ………………………………………………… 191

3 統合失調症
- ① 統合失調症の特性 ……………………………………………… 193
- ② 統合失調症についての職場の配慮ポイント ………………… 195

4 てんかん ………………………………………………………… 196
- ① てんかんの特性 ………………………………………………… 196
- ② てんかん患者についての職場の安全確保の注意点 ………… 198

5 不安障害（神経症） ……………………………………………… 200
- ① 不安障害（神経症）の種類、特性等 ………………………… 200
- ② 不安障害についての職場の配慮ポイント …………………… 203
- ③ パニック障害とは ……………………………………………… 204
- ④ 心的外傷後ストレス障害（PTSD）とは …………………… 205
- ⑤ 過換気症候群とは ……………………………………………… 208

6 精神障害者についての合理的配慮指針に基づく配慮事例 … 208
- ① 募集・採用時の配慮事例 ……………………………………… 208
- ② 採用後の配慮事例 ……………………………………………… 209

第4章 発達障害
―アスペルガー症候群、自閉症、高機能自閉症、その他― … 217

1 発達障害とその種類 …………………………………………… 218
- ① 発達障害とは …………………………………………………… 218
- ② 発達障害の種類 ………………………………………………… 218
- ③ 知的障害者は発達障害者から除かれる ……………………… 218

2 発達障害の種類別の特性 ……………………………………… 219
- ① 広汎性発達障害
  （アスペルガー症候群、自閉症、高機能自閉症、その他）… 219
- ② 学習障害（LD：読字障害、書字障害、算数障害） ………… 220
- ③ 注意欠陥多動性障害（ADHD） ……………………………… 220

3　発達障害者の障害者手帳の取得の有無、種類……………………… 220
　　4　発達障害者についての職場の配慮ポイント………………………… 221
　　　①　感覚過敏への配慮………………………………………………………… 221
　　　②　合併障害がある場合の対応……………………………………………… 221
　　5　アスペルガー症候群の特性と職場における配慮ポイント………… 222
　　　①　アスペルガー症候群の人の特性………………………………………… 222
　　　②　アスペルガー症候群の人の強みとなる特性…………………………… 223
　　　③　アスペルガー症候群の人との上手なつきあい方……………………… 224
　　　④　アスペルガー症候群の人のタイプ別配慮ポイント…………………… 225
　　6　発達障害者についての合理的配慮指針に基づく配慮事例………… 226
　　　①　募集・採用時の配慮事例………………………………………………… 226
　　　②　採用後の配慮事例………………………………………………………… 228

第5章　高次脳機能障害──失語症、失行症、失認症、記憶障害等── … 235
　　1　高次脳機能障害の特性、障害者手帳の種類等……………………… 236
　　　①　高次脳機能障害とは……………………………………………………… 236
　　　②　合併症があり、所持手帳も分かれる…………………………………… 236
　　　③　高次脳機能障害に比較的共通する特性………………………………… 236
　　2　高次脳機能障害の障害種類別の職場の配慮ポイント……………… 237
　　　①　失語症……………………………………………………………………… 237
　　　②　失行症……………………………………………………………………… 238
　　　③　失認症……………………………………………………………………… 238
　　　④　注意障害…………………………………………………………………… 239
　　　⑤　記憶障害…………………………………………………………………… 239
　　　⑥　遂行機能障害……………………………………………………………… 240
　　　⑦　社会的行動障害…………………………………………………………… 241
　　3　高次脳機能障害者についての合理的配慮指針に基づく配慮事例 … 241
　　　①　募集・採用時の配慮事例………………………………………………… 241
　　　②　採用後の配慮事例………………………………………………………… 242

第6章　難病に起因する障害
―進行性筋ジストロフィー、左大腿骨頭壊死症、混合性結合組織病、その他― ……………… 247

 1　難病に起因する障害とは …………………………………… 248
 2　職場における配慮ポイント ………………………………… 248
 3　難病に起因する障害者についての合理的配慮指針に基づく
  配慮事例 ……………………………………………………… 249
  ① 募集・採用時の配慮事例 ………………………………… 249
  ② 採用後の配慮事例 ………………………………………… 249

資　　料 …………………………………………………………… 255

 1　障害者と企業に対する支援制度の概要 …………………… 256
 2　障害者と企業に対する支援機関の概要 …………………… 260

【凡例】本書では、法令名称等について、次のような略称を用いています。
（法律）
障害者雇用促進法……障害者の雇用の促進等に関する法律
精神保健福祉法……精神保健及び精神障害者福祉に関する法律
労基法……労働基準法
労契法……労働契約法
最賃法……最低賃金法
均等法……雇用の分野における男女の均等な機会及び待遇の確保等に関する法律
育介法……育児休業、介護休業等育児又は家族介護を行う労働者の福祉に関する法律
パート法……短時間労働者の雇用管理の改善等に関する法律
安衛法……労働安全衛生法
労災保険法……労働者災害補償保険法
（告示）
障害者差別禁止指針……障害者に対する差別の禁止に関する規定に定める事項に関し、事業主が適切に対処するための指針（平成27年厚生労働省告示第116号）
合理的配慮指針……雇用の分野における障害者と障害者でない者との均等な機会若しくは待遇の確保又は障害者である労働者の有する能力の有効な発揮の支障となっている事情を改善するために事業主が講ずべき措置に関する指針（平成27年厚生労働省告示第117号）

第1部

平成25年改正障害者雇用促進法と平成30年4月からの法定雇用率の引上げ

1　障害者雇用促進法のしくみ

　障害者の雇用の促進等に関する法律（以下「障害者雇用促進法」という）では、障害者の雇用の促進を図るために、事業主に対して、①障害者の法定雇用率制度と②障害者雇用納付金制度を設けています。

　上記①では、法定雇用率（民間企業については、平成30年3月末までは常時雇用する労働者の2.0％、つまり50人に雇用障害者1人）を達成していない事業主に対し、厚生労働大臣（公共職業安定所長）は「障害者雇用計画」の提出を命じ、正当な理由なく雇用計画を達成せず、実施勧告に従わない企業に対しては、社会的制裁として「企業名の公表」を行うことができます。

　また、②については、法定雇用率未達成企業に対しては、国（独立行政法人高齢・障害・求職者雇用支援機構）が未達成分について、強制的に「障害者雇用納付金」（常時雇用労働者101人以上の民間企業を対象に、不足する障害者数1人分につき年間60万円）を徴収します。これを財源にして法定雇用率の達成企業に報奨金等として支給することにより、法定雇用率の達成企業と未達成企業との間の経済的負担の調整を図っています。

2　障害者の法定雇用率・雇用納付金制度

1　障害者の法定雇用率制度とは ▶▶▶▶▶▶▶▶▶▶▶▶▶▶▶▶▶▶▶▶▶▶▶▶▶▶

ア．法定雇用率は企業単位で計算

　事業主は、障害者雇用率（いわゆる法定雇用率）によって計算される法定雇用障害者数以上の障害者を雇用しなければなりません。

　この法定雇用障害者数は、各事業所をまとめた企業全体について計算されます。なお、平成30年3月末日までは精神障害者は雇用義務の対象ではありませんが、精神障害者保健福祉手帳所持者を雇用している場合には、各企業における実雇用障害者数の算定対象に加えることができます。

イ．対象となる障害種類は

法定雇用率の算定対象となる障害の種類・内容は図表1のとおりです。

図表1　法定障害者雇用率の算定対象となる障害の種類・内容

障害の種類	障害の内容・程度
身体障害者	次の各障害を1級（最重度）から6級（最軽度）までに分類
①肢体不自由	上肢、下肢、体幹、脳性マヒ
②視覚障害	視覚障害、視野障害等
③聴覚・言語障害	聴覚障害、平衡機能障害、音声・言語・そしゃく機能障害
④内部障害	心臓機能障害、じん臓機能障害、呼吸器機能障害、ぼうこう・直腸・小腸機能障害、肝機能障害、HIV
知的障害者	知的能力の発達の程度が同年齢の人よりも遅れている者（児童相談所、知的障害者更生相談所、精神保健福祉センター、精神保健指定医または障害者職業センターにより知的障害があると判定された者）
精神障害者（発達障害者を含む）	次の者で、症状が安定し、就労が可能な状態にあるもの（精神障害者保健福祉手帳の交付を受けている者に限る） ①統合失調症、そううつ病（そう病、うつ病を含む）、てんかん、中毒精神障害（薬物、アルコール）、非定型精神障害(意識障害、夢遊病)、器質性精神障害(頭部外傷、他の病気によるもの)、その他（ストレス関連障害、人格障害） ②発達障害者（自閉症、アスペルガー症候群その他の広汎性発達障害、学習障害、注意欠陥多動性障害等）
その他の障害者	高次脳機能障害者、難病に起因する障害者等で障害者手帳の交付を受けている者

ウ．障害者手帳の所持者のみが実雇用率の算定対象

実務上は、次の①〜③の手帳の所持者を雇用すると実雇用率に算入されます。
①身体障害者手帳（対象は、身体障害者、高次脳機能障害者等）
②療育手帳（対象は、知的障害者、発達障害者等）
③精神障害者保健福祉手帳（対象は、精神障害者（狭義）、発達障害者、高次

脳機能障害者等）

　例えば、発達障害の人が、本来、精神障害者に交付される精神障害者保健福祉手帳を所持しているといったケースが多くあります。
　上述のような手帳の交付状況となっている背景としては、次の理由があげられます。
①障害者福祉各法により、身体障害者には身体障害者手帳、知的障害者には療育手帳、精神障害者には精神障害者保健福祉手帳がそれぞれ交付され、これらの手帳所持者に対して国等の雇用・福祉施策が行われる（手帳制度の詳細は、34頁の③参照）。しかし、発達障害者、高次脳機能障害者等については、障害者手帳を交付し、福祉・雇用等の施策の対象とする制度がないので、便宜上、いずれかの手帳を交付し、施策の対象としていること。
②障害者が複数の障害を持っているケースがあること（例えば、障害者1人に発達障害と知的障害があるなど）。

② プライバシーに配慮した障害者の把握・確認の仕方 ▶▶▶▶▶▶▶▶▶▶▶▶

　企業が障害者手帳の所持者を雇用していると法定雇用率の算定対象になります。このため、企業としては新規採用従業員や在職中の従業員について、この手帳を所持しているか否かについて把握、確認することが必要となります。ただし、障害者、特に在職者の手帳の所持について把握・確認する際にプライバシーに配慮することが必要です。
　このため、厚生労働省では、障害者本人の意に反した実雇用率の算定が行われないよう、法定雇用率制度の対象となるすべての障害者を対象として、「プライバシーに配慮した障害者の把握・確認ガイドライン」を策定しています。障害者、特に慎重な対応が求められる精神障害者についてのポイントは、次のとおりです。
　なお、詳細は、厚生労働省のHP（「プライバシーに配慮した障害者の把握・確認ガイドライン」）で検索できます。

プライバシーに配慮した障害者の把握・確認ガイドラインのポイント

1　雇用率算定対象者の把握・確認

　面接等において採用決定前から障害者であることを把握している場合には、採用決定後に、障害者雇用状況の報告等のため必要な情報（障害者手帳の所持者等の情報）を求めることになります。求める際には、利用目的など（障害者雇用状況の報告などに利用するため、取得した個人情報は毎年度利用し、精神障害者保健福祉手帳の有効期限等について確認を行う場合があり、障害者手帳の返却や等級変更があった場合はその旨申し出てほしい等）を具体的に伝える必要があります。

　採用後に雇用している労働者が雇用率算定対象かどうか把握する場合は、障害者雇用状況の報告、障害者雇用納付金の申告等のために必要な情報を把握したい旨、雇用している労働者全員に画一的な手段（メールや書類等）により伝えることを原則とします。ただし、地域障害者職業センターなど公的機関で実施するジョブコーチ支援やリワーク支援を利用したい旨の申し出が本人からあったような場合などには、個人を特定して障害者手帳の所持について照会することができます。

　なお、企業が労働者の障害の把握・確認をする際、利用目的の達成に必要ない情報の取得、本人の意思に反しての障害者の申告(雇用率算定)、手帳取得の強要、障害者の申告や手帳取得を拒んだことにより不利な取り扱いをするといったことは、当然、行ってはならない事項です。

2　把握・確認した情報の更新

　精神障害者保健福祉手帳の場合は有効期間が２年間であることから、企業は、把握・確認した手帳の有効期限が経過した後、手帳を更新しているか確認する必要があります。

　また、本人から、障害者雇用状況の報告等のために利用しないよう要求された場合、その求めが適正であると認められるときは、利用を停止しなければなりません。

3　その他

　事業主は、労働者が障害者であることを明らかにする書類を備え付けるとともに、本人の死亡・退職または解雇の日から３年間保存し、障害者雇用状況の報告等の漏洩防止等、情報の安全管理のために必要な措置を講じなければいけません。

> また、把握・確認した情報の取扱いに関する苦情処理の担当を明らかにし、苦情処理を適切かつ迅速に処理するために必要な体制整備に努めることとします。

③ 法定障害者雇用率を2.3%に引上げ ▶▶▶▶▶▶▶▶▶▶▶▶▶▶▶▶▶▶▶▶▶▶▶

障害者の法定雇用率は、民間企業、国・地方公共団体、及び都道府県等の教育委員会で異なっています。具体的には、図表2のとおりです。

図表2　障害者の法定雇用率の引上げ予定

組織の種類	平成30年3月末まで	平成30年4月から	平成33年3月末までのいずれかの時期
民間企業	2.0%	2.2%	2.3%
特殊法人・独立行政法人、国・地方公共団体	2.3%	2.5%	2.6%
都道府県等の教育委員会	2.2%	2.4%	2.5%

　民間企業の法定雇用率は、平成30年3月末日までは2.0%です。平成30年4月からは2.2%に引き上げられます。さらに、平成33年の3月末までに2.3%に引き上げられます。

　法定雇用率2.0%というのは、常時雇用する労働者数50人に対して雇用障害者数1人となるため、民間企業については、常時雇用する労働者数50人以上の企業が法定雇用率の適用対象になります。

④ 法定雇用率達成に必要な雇用障害者数 ▶▶▶▶▶▶▶▶▶▶▶▶▶▶▶▶▶▶▶▶

ア．民間企業が雇用しなければならない障害者の具体的な人数は

　各企業は、その雇用する障害者数が、法定雇用障害者数以上であるようにしなければなりません。

　　企業が雇用する障害者数　≧　法定雇用障害者数

そして、「法定雇用障害者数」は次により算出します。その際、計算の結果生じた1人未満は切り捨てます。また、「企業全体の常時雇用する労働者の総数」は、①短時間労働者（週所定労働時間20時間以上30時間未満）については、1人を0.5人として計算し、②除外率設定業種に属する事業を行う事業所については、除外率（図表4参照）に相当する労働者数（1人未満は切り捨て）を控除します。

　　法定雇用障害者数 ＝ 企業全体の常時雇用する労働者の総数 × 障害者雇用率（民間企業は、平成30年3月末までは2.0％）

　上記の計算方法に従うと、例えば、「企業全体の常時雇用する労働者の総数」が315人であれば、315×0.02＝6.3。端数は切り捨てになるので、必要な法定雇用障害者数は6人になります。

イ．常時雇用する労働者とは

　常時雇用する労働者とは、①期間の定めなく雇用されている労働者（正社員等）、②一定の期間（例えば、1週間、2カ月、6カ月等）を定めて雇用されている労働者であって、その雇用期間が反復更新され、過去1年以上の期間について引き続き雇用されている労働者または採用のときから1年以上引き続き雇用されると見込まれる労働者、③日々雇用される労働者であって、雇用契約が日々更新されて、過去1年以上の期間について引き続き雇用されている労働者または採用のときから、雇用契約の内容等により、1年以上引き続き雇用されると見込まれる労働者をいいます。

ウ．短時間労働者とは

　短時間労働者とは、原則として、常時雇用する労働者であって、1週間の所定労働時間が20時間以上30時間未満である者をいいます。

エ．企業が雇用する障害者数の算定方法は

企業が雇用する障害者数の算定は、次のように行います。

①重度身体障害者または重度知的障害者については、1人を雇用すると障害者を2人雇用したものとして計算されます（いわゆるダブルカウント）。②障害者である短時間労働者は、ａ．重度身体障害者または重度知的障害者である短時間労働者については、1人を1人として、ｂ．それ以外の短時間労働者については、1人を0.5人として、それぞれ計算されます。

これらをまとめると図表3のとおりです。

図表3　障害者の実雇用率のカウント方法

障害の種類と程度＼週の所定労働時間	30時間以上	20時間以上30時間未満（短時間労働者）
身体障害者	1	0.5
重度身体障害者	2	1
知的障害者	1	0.5
重度知的障害者	2	1
精神障害者（発達障害者を含む）	1	0.5

5　除外率制度とは ▶▶▶▶▶▶▶▶▶▶▶▶▶▶▶▶▶▶▶▶▶▶▶▶▶▶▶▶

ア．除外率制度とは

障害者の就業が困難な業務のある業種については、その事業所の常時雇用労働者数について除外率が定められ、その分雇用義務のある障害者数が少なくなるようになっています。

現在、業種ごとの除外率は、図表4のように定められています。この除外率は、今後、徐々に低率にされ、最終的には廃止されることになっています。

図表4　業種別除外率一覧表（障害者雇用促進法施行規則別表第4）

除外率設定業種	除外率
非鉄金属製造業（非鉄金属第一次製錬・精製業を除く。）、倉庫業、船舶製造・修理業、舶用機関製造業、航空運輸業、国内電気通信業（電気通信回線設備を設置して行うものに限る。）	5%
窯業原料用鉱物業(耐火物・陶磁器・ガラス・セメント原料用に限る。)、その他の鉱業、採石業、砂・砂利・玉石採取業　水運業	10%
非鉄金属第一次製錬・精製業、貨物運送取扱業（集配利用運送業を除く。）	15%
建設業、鉄鋼業、道路貨物運送業、郵便業（信書便事業を含む。）	20%
港湾運送業	25%
鉄道業、医療業、高等教育機関	30%
林業（狩猟業を除く。）	35%
金属鉱業、児童福祉事業	40%
特別支援学校（専ら視覚障害者に対する教育を行う学校を除く。）	45%
石炭・亜炭鉱業	50%
道路旅客運送業、小学校	55%
幼稚園、幼保連携型認定こども園	60%
船員等による船舶運航等の事業	80%

イ．除外率の適用方法は

　除外率の適用は、まず、図表4に定められた業種を、事業所単位に認定し、それぞれ算出します。そのうえで、全社分を合算するという手順で適用されます。

　除外率の適用の計算例は、図表5のとおりです。

図表5　除外率の適用の計算例（障害者の必要雇用数試算）

労働者数：本社200人、事業所800人、合計1,000人の企業の場合
①除外率非適用の場合の障害者の必要雇用数
　　200人＋800人＝1,000人　1,000人×2.0％＝20人（障害者の必要雇用数）

②除外率適用の場合（事業所のみが除外率50％であると仮定）
800人×50％＝400人　（200人＋400人）×2.0％＝12人（障害者の必要雇用数）

6　改正障害者雇用促進法が対象とする「障害者」とは ▶▶▶▶▶▶▶▶▶▶▶▶

ア．障害者雇用促進法が対象とする「障害者」の定義の改正

　障害者雇用促進法が対象とする「障害者」の範囲については、同法第2条第1号で図表6（新）のように定められています（平成25年6月19日施行）。平成25年の同法改正により、障害者の定義規定の表現は、図表6の(旧)から(新)に改正されました。

図表6　障害者雇用促進法における障害者の定義（第2条第1号）の新旧比較

> （旧）障害者　身体障害、知的障害<u>又は</u>精神障害（以下「障害」と総称する。）があるため、長期にわたり、職業生活に相当の制限を受け、又は職業生活を営むことが著しく困難な者をいう。
> （新）障害者　身体障害、知的障害、精神障害<u>（発達障害を含む。中略）その他の心身の機能の障害</u>（以下「障害」と総称する。）があるため、長期にわたり、職業生活に相当の制限を受け、又は職業生活を営むことが著しく困難な者をいう。

（注）アンダーラインのある部分が改正箇所

イ．障害種類ごとの定義は

　障害者雇用促進法における障害種類ごとの定義は、同法第2条2号以下で規定されたうえで、それぞれの細部については同法別表、または同法施行規則及びその別表で決められています。それぞれの要旨は、図表7のとおりです。

図表7　障害者の種類ごとの定義

> ①身体障害者：（障害者雇用促進法別表）
> 　この「別表」の規定は、身体障害者福祉法の別表とまったく同じ規定内容となっています。両法間で身体障害者の態様別の程度格付けを共通のものとした

うえで、「身体障害者福祉法施行規則別表第5号」で同じ内容がより詳しく規定されています。

なお、身体障害者福祉法では障害等級を7段階に区分していますが、障害者雇用促進法の規定では、「適用は6級までとし、7級の障害が重複する場合は6級として扱う。」としています。

②知的障害者：（障害者雇用促進法施行規則第1条の2）

「知的障害者判定機関（児童相談所、知的障害者更生相談所、精神保健福祉センター、精神保健指定医、障害者職業センター）」により知的障害があると判定された者。

③精神障害者：（障害者雇用促進法施行規則第1条の4）

次に掲げる者で、症状が安定し、就労が可能な状態にあるものとしています。

1．精神障害（発達障害を含む）のある者で、精神障害者保健福祉手帳の交付を受けている者
2．前項以外の者で、統合失調症、そううつ病（そう病及びうつ病を含む。）またはてんかんにかかっている者

④重度障害者

身体障害及び知的障害については、下記に該当する場合に「重度障害者」として、実雇用率の算出に際してダブルカウントを行い、雇用の促進策としています。

なお、精神障害者においては、精神疾患の程度に関する軽重の判断は行いますが、雇用との関係においては上記のように、その内に「症状が安定し、就労が可能な状態にある者」のみを対象にするという考え方から、重度区分は設けられていません。

（障害者雇用促進法施行規則第1条）

重度身体障害を規定した施行規則別表第1に掲げる者。

（障害者雇用促進法施行規則第1条の3）

上述の知的障害者判定機関により知的障害の程度が重いと判定された者。

7 平成30年4月から雇用義務の対象とされる「障害者」とは ▶▶▶▶▶▶▶▶

ア．平成30年3月末までの雇用義務対象は身体・知的障害者

平成30年4月1日以降、障害者雇用促進法で規定されている各制度の障害種類ごとの適用範囲の違いは、図表8のとおりです。平成30年3月末までの雇用義務の対象となっているのは、身体障害者と知的障害者です（障害者雇用促進法37条、43条）。これらに、平成30年4月1日からは精神障害者（発達障害者を含む。以下同じ）が加わります。

イ．平成30年3月末までは精神障害者（発達障害者を含む）は実雇用率に算定のみ

平成30年3月末までは、精神障害者（発達障害者を含む）については、事業主の雇用義務はありません。ただし、実際に精神障害者（発達障害者を含む）を雇用した場合には、身体・知的障害者と同様に、実雇用率に算入できます。この場合、精神障害者（発達障害者を含む）であっても実雇用率に算入できるのは「精神障害者保健福祉手帳」の所持者に限られます。

平成25年の障害者雇用促進法の改正により、精神障害者（発達障害者を含む）が雇用義務の対象に加わり、この改正は平成30年4月1日から施行されます。平成30年4月以降においても、精神障害者（発達障害者を含む）のうち実雇用率の算定対象にできるのは、「精神障害者保健福祉手帳」の所持者に限る取扱は継続されます。

図表8　障害者の種類ごとの障害者雇用促進法に定める制度の適用の違い
　　　　（平成30年4月1日～）

障害者手帳の有無	障害者の種類	法律における取扱い	
		①雇用義務 ②障害者雇用納付金制度の対象者	③助成金制度の対象者
1　手帳所持	身体障害者	○	○
	知的障害者	○	○
	精神障害者	○	○

2　手帳非所持	発達障害者	○	○
	その他の障害者（統合失調症、そううつ病(そう病、うつ病を含む)、てんかん、難病に起因する障害、高次脳機能障害等）	×	○

ウ．障害者手帳のない障害者は助成金支給対象のみ

　現在、雇用義務非対象である「精神障害者保健福祉手帳」を持っていない精神障害者（発達障害者を含む）、及び「難病等その他の障害者」については、障害者雇用促進法の適用は助成金の支給対象とされることなどにとどまっています。平成30年４月以降においても、上記の手帳非所持である精神障害者（発達障害者を含む）、及びその他の障害者の扱いは現行と同様の範囲に限られます。

8　精神障害者（発達障害者を含む）の法定雇用率の取扱いは ▶▶▶▶▶▶▶▶

ア．算定対象となる精神障害者（発達障害者を含む）とは

　実雇用率の算定対象となるのは、精神障害者（発達障害者を含む）のうち「精神障害者保健福祉手帳」を所持している者を雇用した場合です。

　実務上は、障害種類が高次脳機能障害者その他であっても、この手帳の所持者を雇用すれば実雇用率に算定されます。

イ．重度精神障害者を雇用してもダブルカウントされない

　「精神保健福祉法」では精神障害の程度を３段階に区分しているため、重度の区分が設けられています。しかし、障害者雇用促進法の規定では、精神障害については、身体及び知的障害者と異なり、「重度障害」の扱いは行われていません。

　このような取扱いとしている理由としては、精神障害者の等級判定上、例え

ば、1級者はほとんどが社会での共生自体困難とせざるを得ないことが明確であり、他の者も就労という社会生活への適合については個人差が大きく影響することなどがあります。このため、障害者雇用促進法においては、精神保健福祉法による判定の準用は困難として、それとは別に「症状が安定し、就労が可能な状態にあり、精神障害者保健福祉手帳の交付を受けているもの」との規定によって、一律に「就労が可能な状態」という基準でとらえる方法を採用し、重度の扱いは適用しないこととしたものと考えられます。

9 子会社などについての法定雇用率算定の特例とは ▶▶▶▶▶▶▶▶▶▶▶▶

　障害者の法定雇用率制度の適用については、障害者の雇用機会を確保し、法定雇用率以上の障害者を雇用することは個々の事業主（企業）ごとに義務付けられています。ただし、障害者の雇用の促進及び安定を図るため、事業主が次のア〜エの措置を講じた場合には、その特例が認められます。

ア．特例子会社制度

　障害者の雇用の促進及び安定を図るため、図表9のように障害者の雇用に特別の配慮をした子会社（特例子会社）を設立し、図表10の要件を満たす場合には、その子会社で雇用される労働者を親会社に雇用された労働者とみなして、雇用率を算定できることとしています。

図表9　特例子会社制度

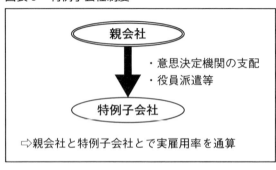

図表10　特例子会社の認定要件

①親会社が、当該子会社の意思決定機関（株主総会等）を支配していること。
②親会社と子会社との人的関係が緊密であること（具体的には、親会社からの役員派遣等）。
③子会社に雇用される障害者が5人以上で、子会社の全従業員に占める割合が20％以上であること。また、雇用される障害者に占める重度身体障害者、知的障害者及び精神障害者の割合が30％以上であること。
④障害者の雇用管理を適正に行うに足りる能力を有していること（具体的には、障害者のための施設の改善、専任の指導員の配置等）。
⑤その他、障害者の雇用の促進及び安定が確実に達成されると認められること。

イ．グループ適用

　図表11のように、特例子会社を持つ親会社と親子関係にある関係会社が特例子会社の障害者雇用に貢献している場合で、図表12の要件を満たす場合には、関係する子会社も含め、企業グループ全体で雇用率を算定できることとしています。

図表11　グループ適用

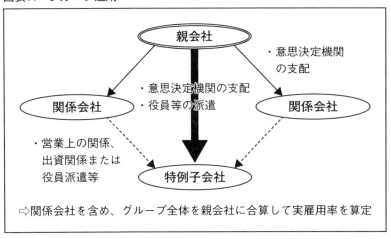

図表12　グループ適用の認定要件

①親会社が、特例子会社及び関係会社の意思決定機関（株主総会等）を支配していること。
②親会社が、障害者雇用推進者を選任しており、かつ、その者が特例子会社及び関係会社についてもその業務を行うこと。
③親会社が、特例子会社及び関係会社を含めて、障害者の雇用の促進及び安定を確実に達成することができると認められること。
④関係会社と特例子会社との人的関係もしくは営業上の関係が緊密であること、または関係会社が特例子会社に出資していること。

ウ．企業グループ算定特例

　図表13のように、親会社の責任の下、グループ全体で障害者雇用を進めることとし、図表14の要件を満たす場合は、特例子会社を持たない場合でも、企業グループ全体で雇用率を算定できることになります。

図表13　企業グループ算定特例

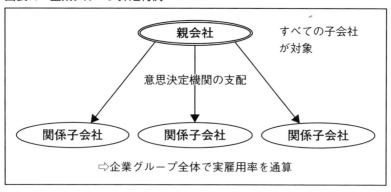

図表14　企業グループ算定特例の認定要件

①親会社が、特例子会社及び関係子会社の意思決定機関（株主総会等）を支配していること。
②親会社が、障害者雇用推進者を選任しており、かつ、その者が関係子会社についてもその業務を行うこと。
③企業グループ全体で障害者雇用の促進及び安定を確実に達成することができると認められること。
④各子会社の規模に応じて、それぞれ実雇用率1.2％（端数切り捨て）に相当する数以上の障害者を雇用していること。ただし、中小企業については、以下の数以上の障害者を雇用していること。
　　ア　常時雇用する労働者数が250〜300人　　障害者２人
　　イ　常時雇用する労働者数が167〜249人　　障害者１人
　　ウ　常時雇用する労働者数166人以下　　　　要件なし
⑤各子会社が、その雇用する障害者に対して適切な雇用管理を行うことができると認められること、または他の子会社が雇用する障害者の行う業務に関し各子会社の事業の人的関係もしくは営業上の関係が緊密であること。
（注）子会社にグループ適用特例の認定を受けたことがある事業主は、この特例の認定を受けることはできません。

エ．事業協同組合等算定特例

　個々の企業では障害者雇用のノウハウ・仕事の確保等が不十分な場合等において、図表15のように、複数の企業が事業協同組合等（事業協同組合、水産加工業協同組合、商工組合、商工街振興組合）を活用して、共同で障害者の雇用を進めることとし、図表16の要件を満たす場合は、組合員である事業主（特定事業主）で雇用される労働者を事業協同組合等に雇用された労働者とみなして雇用率を算定できることになります。

図表15　事業協同組合等算定特例

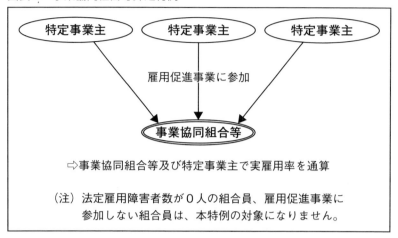

図表16　事業協同組合等算定特例の認定要件

①事業協同組合等の行う事業と特定事業主の行う事業との人的関係または営業上の関係が緊密であること。
②事業協同組合等の規約等に、その事業協同組合等が納付金を徴収された場合に、特定事業主における障害者の雇用状況に応じて、納付金の経費を特定事業主に賦課する旨の定めがあること。
③事業協同組合等が、その事業協同組合等及び特定事業主における障害者の雇用の促進及び安定に関する事業（雇用促進事業）を適切に実施するための計画（実施計画＊）を作成し、この実施計画に従って、障害者の雇用の促進及び安定を確実に達成することができると認められること。
④事業協同組合等が、1人以上の障害者を雇用し、かつ、常時雇用する労働者に対する雇用障害者の割合が、20％を超えていること。
⑤事業協同組合等が、その雇用する障害者に対して適切な労務管理を行うことができると認められること。
⑥特定事業主が、その規模に応じて、それぞれ下記の数以上の障害者を雇用していること。
　　ア　常時雇用する労働者数が250〜300人　　障害者2人
　　イ　常時雇用する労働者数が167〜249人　　障害者1人

```
ウ  常時雇用する労働者数が166人以下    要件なし

＊実施計画には、次の内容を盛り込む必要があります。
  a  雇用促進事業の目標（雇用障害者数の目標を含む）
  b  雇用促進事業の内容
  c  雇用促進事業の実施時期
(注) 特定事業主が、グループ適用や企業グループ算定特例等の認定を受けている場合は、事業協同組合等算定特例の認定を受けることはできません。
```

10 法定雇用率未達成企業に対する行政指導とは ▶▶▶▶▶▶▶▶▶▶▶▶▶▶▶▶

ア．行政指導の実施手順は

　障害者の法定雇用率未達成企業に対する行政指導は、現在、図表17の手順で行われています。

図表17　障害者の法定雇用率未達成企業に対する行政指導の実施手順

```
①企業からの「障害者雇用状況報告書」の提出
          ↓
②公共職業安定所長から企業に対する「障害者雇入れ計画」作成命令
          ↓
③適正実施勧告
          ↓
④企業名公表を前提とした特別指導
          ↓
⑤企業名の公表
```

①企業からの「障害者雇用状況報告書」の提出は

　各企業から、毎年、6月1日現在における「障害者雇用状況報告書」を7月15日までに公共職業安定所（ハローワーク）に提出させます。

②対象企業に対する「障害者雇入れ計画」の作成命令とは

　㋐　公共職業安定所長は、6月1日現在で障害者の雇用状況が図表18のいず

れかに該当する企業に対し、原則として10月末までに、翌年1月1日から2年間を対象期間とする「障害者雇入れ計画」の作成を命令します。

図表18　障害者雇入れ計画作成命令の対象企業

①実雇用率が前年の全国平均実雇用率未満で、かつ、雇用不足数が5人以上の企業
②雇用を要する法定の人数が3～4人*で、雇用障害者数が0人（実雇用率が0％）の企業
　＊「法定の人数が3～4人」に該当するのは、法定雇用率2％で、ダブルカウント等の措置を考慮に入れない場合、常時雇用する労働者数が150～249人の企業となります。
③不足数が10人以上の企業

(イ)　「障害者雇入れ計画」は、図表19の点について、企業全体及び障害者の雇入れを予定する事業所ごとの雇用計画内容を明らかにしたものとし、その命令が行われた日以後の直近の12月15日までに提出しなければなりません。

図表19　障害者雇入れ計画の記載内容

①計画の始期と終期
②期間中に雇入れを予定する、常用雇用労働者及び障害者それぞれの人数
③その結果見込まれる計画終期時点の、常用雇用労働者及び障害者それぞれの人数

③「適正実施勧告」とは

　障害者雇入れ計画1年目の12月1日時点で、図表20の①または②のいずれかの状態であった場合は、第2年目の2月末までに、計画に沿った実施を求める「適正実施勧告」が行われます。

図表20　適正実施勧告の対象企業

①計画の実施率が50％未満である。
②計画始期の年の12月1日時点における実雇用率が、その計画始期の前年の6月

1日時点における実雇用率を上回っていない。

④「企業名公表を前提とした特別指導」とは

　「適正実施勧告」を行った企業で、その勧告となった「障害者雇入れ計画」の終期において、図表21の①～③のいずれかに該当する場合には、公共職業安定所は、企業名公表を前提として雇入れ計画終了の翌年（障害者雇入れ計画の始期から起算して第3年目）の4月1日から12月31日の間「特別指導」を行います。

図表21　特別指導の対象企業

①実雇用率が適正実施勧告を受けた計画の始期の年の6月1日時点の全国平均実雇用率未満であること。
②法定雇用率達成のために必要な雇用障害者の不足数が10人以上であること。
③法定雇用障害者数が3人または4人の企業で、雇用障害者数が0人（実雇用率が0％）であること。

⑤「企業名公表」とは

　上記④の「特別指導」の結果、ａ.実雇用率が雇入れ計画第2年目の全国平均実雇用率未満で、かつ、ｂ.次の「公表猶予基準」の対象にできないと判断される場合は、厚生労働大臣は特別指導終了の翌年（障害者雇入れ計画の始期から起算して第4年目）の、3月末に企業名を公表します。

　現在、企業名公表は官報への登載と厚生労働省からの報道発表及びホームページ記載により行われています。

イ．「公表猶予基準」とは

　図表22の①または②のいずれかに該当する場合は、初回の公表に限り公表を猶予します。

図表22　企業名公表の猶予基準

> ①直近の障害者雇用の取組み状況から、実雇用率が速やかに全国平均実雇用率(特別指導の開始年の前年の数値)以上、または不足数が0人となることが見込まれること。
> ②特別指導期間終了後の1月1日から1年以内に特例子会社の設立を実現し、かつ、実雇用率が速やかに全国平均実雇用率(特別指導の開始年の前年の数値)以上、または不足数が0人となることが見込まれること。

11　障害者雇用納付金制度とは

ア．常時雇用労働者101人以上の法定雇用率未達成企業から雇用納付金を徴収

　障害者を雇用している企業は、雇用していない企業に比べ、施設設備の改善・就労上の配慮措置等について経済的負担が生じます。そこで、この経済的負担のアンバランスを調整するために障害者雇用納付金制度が設けられています。制度全体のしくみは図表23のとおりです。

　その企業（平成27年4月からは、常時雇用する労働者を101人以上雇用しているところが対象）の雇用している障害者数が、法定雇用率2.0％に達していない場合には、不足する常時雇用障害者1人につき1カ月5万円を納付金として、国（独立行政法人高齢・障害・求職者雇用支援機構）が強制的に徴収します。

　例えば、常時雇用従業員規模400人の企業が常時雇用障害者を1人も雇用していない場合には、次の金額の納付金が徴収されます。

　　必要常時雇用障害者数＝400人×2.0％＝8人
　　年間納付金額＝8人分×月額5万円×12カ月＝480万円

イ．障害者多数雇用企業に障害者雇用調整金を支給

　逆に、2.0％を超えて常時雇用障害者を雇用している企業には、障害者雇用調整金、同報奨金として、図表23の右欄の金額が支給されます。

図表23　障害者雇用納付金制度の概要（平成27年4月～）

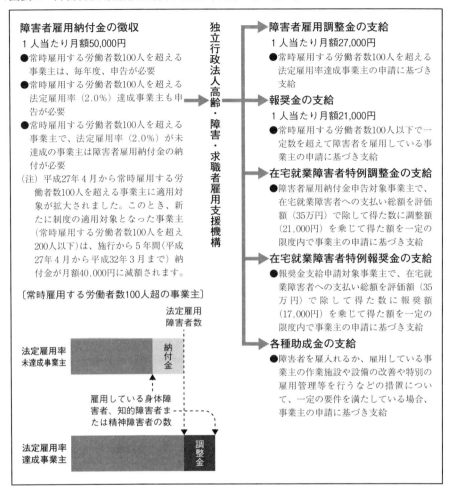

このほか、障害者のために実施する施設設備の改善、労務管理、福利厚生措置に応じて各種助成金が支給されます。

ウ．在宅就業障害者特例調整金・報奨金の支給

各年度ごとに、在宅就業障害者との間で在宅就業契約を結び、その契約に基づく業務の対価を支払った事業主に対しては、その年度分の在宅就業障害者特

例調整金・報奨金が支給されます（図表23の右欄）。

　在宅就業障害者とは、身体、知的、精神の障害者であって、企業等と請負、委託等の契約により、自宅、その他一定の施設等で物品の製造、役務の提供その他これらに類する業務を自ら行う者のことをいいます。詳しくは、第2部の7節（93頁以降）に記載します。

12　事業主の「その他の義務」とは ▶▶▶▶▶▶▶▶▶▶▶▶▶▶▶▶▶▶▶▶▶▶▶▶

　障害者雇用促進法では、事業主に対して法定雇用率の達成や雇用納付金の支払いのほかに、次のことを義務付けています。

ア．障害者雇用推進者選任の努力義務とは

　事業主は、その企業の常用労働者数が50人以上であるときは、従業員のなかから障害者雇用推進者（障害者の雇用の促進・継続に関する業務を行う者）を選任するように努めなければなりません（障害者雇用促進法第78条）。

イ．障害者職業生活相談員の選任義務とは

　事業主は、障害者を5人以上雇用する事業所においては、資格を有する者のなかから障害者職業生活相談員を選任し、障害者の職業生活に関する相談、指導を行わせなければなりません（障害者雇用促進法第79条）。

ウ．障害者雇用状況報告の義務とは

　常用労働者50人以上を雇用する事業主は、毎年1回、障害者の雇用状況を厚生労働大臣に報告しなければなりません（障害者雇用促進法第43条7項）。

エ．障害者の解雇の届出義務とは

　事業主は、障害のある労働者を解雇する場合（障害者の帰責解雇等を除く）は、その事業所を管轄する公共職業安定所長に届け出なければなりません（障害者雇用促進法第81条、同法施行規則第41条）。

3 平成25年改正障害者雇用促進法の目的、改正内容、施行期日

① 世界各国の障害者雇用義務化の方式 ▶▶▶▶▶▶▶▶▶▶▶▶▶▶▶▶▶▶▶▶▶▶

　世界各国では、法律で企業に対して、障害者の雇用を義務付ける場合に、主に図表24のA～Cの3つの方式のうちのいずれかが実施されています。

ア．障害者の法定雇用率制度とは

　その一つは、「A　法定雇用率制度」で、日本、フランス、ドイツ、オーストラリアなどで実施されています。

　この場合、法定雇用率は、日本では2％（平成30年3月末まで）ですが、例えばフランスでは6％となっており、日本に比べて高率となっています。

　この理由は、日本では、企業が障害者を直接雇用することのみを法定雇用率達成の方法としています。これに対してフランスの場合は、法定雇用率達成のために、次の①～④のように様々な方法を組み合わせることが認められています。

①障害者を企業が直接に雇用することを、法定雇用率達成方法の基本とする。
②障害者の研修生としての受け入れも、雇用義務達成方法として認められる。
③「保護雇用企業」（障害者を全従業員の80％以上雇用し、法律上の一定要件
　を備えている企業）への業務発注も、雇用義務達成の方法として認められる。
④雇用している障害者のための環境改善プログラムを労使間の協約で設定する
　ことも、雇用義務達成に寄与するものとして評価する。

　以上のように、国により、法定雇用率の達成方法として認められる範囲が大きく異なっているので、法定雇用率が低いか高いかは、簡単に比較して論じることはできません。

イ．障害者の差別禁止・機会均等制とは

　2つ目の方式は、「B　差別禁止・機会均等の法定化」です。つまり、法律で、

雇用主が、障害者と健常者（障害のない者）とを雇用の全ステージで差別せず、機会均等に取扱うことを義務付ける方式のものです。

figure24 障害者雇用の法定義務化についての3つの方式と主な実施国

◎A　社会連帯の考えに基づく割当制（法定雇用率制度）
　法律で一定規模以上の企業等に所定の雇用率を義務として割当て、未達成の場合には相応する経済的負担（納付金）を求める。

	（法定雇用率）	（対象企業規模）	（適用法律名）
日本	2.0%	50人以上	障害者雇用促進法
フランス	6%	20人以上	労働法典、社会福祉・家族法典
ドイツ	5%	20人以上	社会法典第9編、リハビリテーション調整法
オーストラリア	4%	25人以上	身体障害者雇用法

◎B　差別禁止・機会均等制
　雇用主は、差別のない採用手続きと昇進基準を用いること、障害者の就業環境を整備すること等の義務を負う。

	（対象企業規模）	（適用法律名）
米国	15人以上	障害を持つアメリカ人法（ADA）
英国	対象規模規定を廃止	2010年平等法

〇C　公的補助による雇用促進制
　差別禁止・機会均等制、ただし、障害者雇用特別法を定めず、公的な補助・支援制度により雇用を促進する。

	（適用法律名）
スウェーデン	雇用促進法、雇用安定法、労働環境法、障害者オンブズマン法

（出典：一般社団法人障害者雇用企業支援協会『初めての障害者雇用の実務』中央経済社を一部改編）

2　障害者の権利に関する条約とは ▶▶▶▶▶▶▶▶▶▶▶▶▶▶▶▶▶▶▶▶▶▶▶

　平成18年に国連総会に「障害者の権利に関する条約」案が上程され、採択されました。この条約に規定されている内容は広範囲にわたるものですが、障害者の雇用に関する規定は、図表25のとおりです。

図表25　障害者の権利に関する条約（雇用に関する規定の抜粋）

> 第2条　定義
> 　この条約の適用上、（中略）「障害に基づく差別」とは、障害に基づくあらゆる区別、排除又は制限であって、政治的、経済的、社会的、文化的、市民的その他のあらゆる分野において、他の者との平等を基礎として全ての人権及び基本的自由を認識し、享有し、又は行使することを害し、又は妨げる目的又は効果を有するものをいう。障害に基づく差別には、あらゆる形態の差別（合理的配慮の否定を含む。）を含む。
> 　「合理的配慮」とは、障害者が他の者との平等を基礎として全ての人権及び基本的自由を享有し、又は行使することを確保するための必要かつ適当な変更及び調整であって、特定の場合において必要とされるものであり、かつ、均衡を失した又は過度の負担を課さないものをいう。
>
> 第27条　労働及び雇用
> 1　締約国は、障害者が他の者との平等を基礎として労働についての権利を有することを認める。この権利には、障害者に対して開放され、障害者を包容し、及び障害者にとって利用しやすい労働市場及び労働環境において、障害者が自由に選択し、又は承諾する労働によって生計を立てる機会を有する権利を含む。締約国は、特に次のことのための適当な措置（立法によるものを含む。）をとることにより、労働についての障害者（雇用の過程で障害を有することとなった者を含む。）の権利が実現されることを保障し、及び促進する。
> (a)　あらゆる形態の雇用に係る全ての事項（募集、採用及び雇用の条件、雇用の継続、昇進並びに安全かつ健康的な作業条件を含む。）に関し、障害に基づく差別を禁止すること。
> (b)　他の者との平等を基礎として、公正かつ良好な労働条件（均等な機会及び同一価値の労働についての同一報酬を含む。）、安全かつ健康的な作業条件（嫌がらせからの保護を含む。）及び苦情に対する救済についての障害者の権利を保護すること。
> (c)　障害者が他の者との平等を基礎として労働及び労働組合についての権利を行使することができることを確保すること。
> (d)　障害者が技術及び職業の指導に関する一般的な計画、職業紹介サービス並び

に職業訓練及び継続的な訓練を利用する効果的な機会を有することを可能とすること。
(e) 労働市場において障害者の雇用機会の増大を図り、及びその昇進を促進すること並びに職業を求め、これに就き、これを継続し、及びこれに復帰する際の支援を促進すること。
(f) 自営活動の機会、起業家精神、協同組合の発展及び自己の事業の開始を促進すること。
(g) 公的部門において障害者を雇用すること。
(h) 適当な政策及び措置（積極的差別是正措置、奨励措置その他の措置を含めることができる。）を通じて、民間部門における障害者の雇用を促進すること。
(i) 職場において合理的配慮が障害者に提供されることを確保すること。
(j) 開かれた労働市場において障害者が職業経験を得ることを促進すること。
(k) 障害者の職業リハビリテーション、職業の保持及び職場復帰計画を促進すること。
2 締約国は、障害者が、奴隷の状態又は隷属状態に置かれないこと及び他の者との平等を基礎として強制労働から保護されることを確保する。

③ 平成25年改正障害者雇用促進法の改正理由・改正内容・施行日 ▶▶▶▶▶▶

　わが国も前述の「障害者の権利に関する条約」に平成19年9月28日に署名しました。条約締結国（日本）はこれらの規定を守らなければなりません。このことにより、わが国としてもこの条約の批准に向けて国内法制を整備することになりました。

　この障害者権利条約を順守するために障害者雇用促進法の改正が行われ、平成25年6月に成立しました。改正法の施行日と主な改正内容は、図表26のとおりです。

図表26　改正障害者雇用促進法（平成25年）の施行日と主な改正内容

施行日	主な改正内容
公布日に施行（平成25年6月19日）	改正された障害者の定義規定が施行。障害者とは、「身体障害、知的障害、精神障害（発達障害を含む。）その他の心身の機能の障害があるため、長期にわたり、職業生活に相当の制限を受け、又は職業生活を営むことが著しく困難な者をいう」に改められた。
平成28年4月1日	障害者に対する差別の禁止規定及び雇用分野における障害者の均等機会の確保規定が施行。どのようなことが差別にあたるかや、均等機会の確保のための具体的な措置については指針で定められた。
平成30年4月1日	精神障害者（発達障害者を含む）の雇用義務化規定が施行。障害者の法定雇用率の算定基礎に精神障害者保健福祉手帳の交付を受けている者が加えられる予定。

ア．公布日（平成25年6月）から施行された改正法の内容は

　改正障害者雇用促進法の公布日（平成25年6月19日）から施行されたのは、「障害者」の定義の改正です。障害者の定義に、従来からの身体、知能、精神の障害に、「発達障害」と「その他の心身の機能の障害」（高次脳機能障害、難病に起因する障害が該当）が加えられました（障害者雇用促進法第2条第1号）。

イ．平成28年4月1日に施行された改正法の内容は

　改正障害者雇用促進法のうち平成28年4月1日に施行されたのは、その企業の従業員数等に関係なくすべての事業主に対して、①障害者に対する障害を理由とする差別の禁止と、②雇用分野における障害者への合理的な配慮の提供の2点が義務付けられました。

ウ．平成30年4月1日に施行される改正法の内容は

　平成30年4月1日に施行されるのは、精神障害者の雇用義務化規定です。平成30年4月1日からは、現行の身体障害者、知的障害者に加え、精神障害者が

法定雇用率の算定基礎に追加されます。

　平成30年4月1日以降の法定雇用率は、その設定基準になる数値に精神障害者を含めて計算されることになります。これに伴い法定雇用率が6頁の図表2のように引き上げられます。

　雇用義務化の対象となる精神障害者については、事業主にとって対象が明確である必要性があることから、精神障害者保健福祉手帳の交付を受けている者に限るとされています。

④ 事業主の障害を理由とする差別の禁止規定とは ▶▶▶▶▶▶▶▶▶▶▶▶▶▶

　障害者に対する障害を理由とした差別の禁止に関する規定で、事業主に義務付けられたことは、①障害者に対して、募集・採用時に障害のない者と均等な機会を与えること、及び②採用後の雇用管理の各ステージにおける障害者であることを理由とした差別的取扱いの禁止、の2点です（障害者雇用促進法第34条～第36条）。

　①は、募集・採用時における、障害を理由とする差別を禁止する内容です。義務付けはあくまでも障害のない者と同一の機会を付与することであり、障害者の採用を義務付けるものではありません。

　②は、採用後の雇用管理における差別を禁止する内容となっています。禁止の対象として「賃金の決定、教育訓練の実施、福利厚生施設の利用その他の待遇」が掲げられています。

　具体的にどのようなことが「障害を理由とする差別」として禁止されるかについては、労働政策審議会で議論のうえ、「障害者差別禁止指針」が定められました。この指針の内容については、第2部で説明します。

　なお、障害者雇用促進法第34・35条の「事業主の障害者差別禁止規定」に私法上の効果はないものと考えられています。ただし、民法第90条（公序良俗）、第709条（不法行為による損害賠償）の規定に基づく判断は、別途、民事訴訟で行われることとなります。

5 事業主の障害者に対する合理的な配慮の提供義務規定とは

　雇用分野における障害者への合理的配慮の提供に関する規定で、事業主に義務付けられたことは、次の2点です。これらの2点もその企業の従業員規模等にかかわらず、すべての事業主に義務付けられました（障害者雇用促進法第36条の2～第36条の5）。

①障害者の申し出により、募集・採用時に障害のない者との均等な機会の確保の支障となっている事情の改善措置を講じること
②障害者の採用後、障害のない者との均等な機会の確保または能力発揮の支障となっている事情の改善措置を講じること

　①は、採用時において、障害者からの申し出により均等な機会を確保するための支障となっている事情を、申し出た障害者の障害の特性に配慮したうえで改善することを義務付けるものです。

　例えば、採用面接の場で聴覚障害のある求職者から筆談の申し出があった場合や、下肢に障害のある障害者からラッシュ時間帯を避ける時間での面接の申し出があった場合に、障害求職者に配慮し、筆談による面接を認めることや、面接時間を変更することなどが考えられます。

　②は、採用後において、障害のない者との均等な待遇の確保のため、障害者が自身の能力を発揮するために支障となっている事情の改善措置を義務付けたものです。こちらは障害者からの申し出の有無にかかわらず、措置を講じなければならないこととなっています。

　①や②の措置を講じる際には、対象となる「障害者の意向」を十分に尊重したうえで、相談に応じ適切に対応するために必要な体制を整備することと、雇用管理上必要な措置を取ることが義務付けられています。雇用管理上必要な措置には、障害者が相談をしたことによって不利益な取扱いを受けないように措置をとることも含まれています。

　しかし、①や②の措置を講じることが事業主に過度な負担を及ぼすこととなるときは「この限りではない」とされました。義務付けられるのは、あくまでも「合理的な配慮」にとどまると考えられます。

①や②について、具体的にどのような措置を講じなければならないかについては、前記4の差別禁止規定と同様に、労働政策審議会で議論のうえ、「合理的配慮指針」が定められています。

この合理的配慮指針の規定内容については第3部の序で紹介します。さらに、この指針の規定内容にそった障害者への合理的配慮の実施事例については、第3部の各章で、障害の種類別に紹介します。

6 **事業主の差別禁止と合理的配慮義務を担保する規定** ▶▶▶▶▶▶▶▶▶▶▶▶▶

事業主の障害者に対する差別禁止と合理的配慮の提供義務を担保する規定としては、①苦情処理機関による自主的解決の努力義務規定、②厚生労働大臣による助言、指導、勧告の規定、③都道府県労働局長による紛争解決のための助言、指導、勧告の規定、及び④都道府県労働局長による調停等の規定が設けられています（障害者雇用促進法第36条の6、第74条の4～第74条の8）。

4 障害者についての基礎知識

1 **障害者とは** ▶▶▶▶▶▶▶▶▶▶▶▶▶▶▶▶▶▶▶▶▶▶▶▶▶▶▶▶▶▶▶▶

法律上、「障害者」とは、どのような人のことをいうのでしょうか？

わが国の「障害者」の最も包括的な定義としては、障害者基本法の次の定義規定があります。

「身体障害、知的障害、精神障害（発達障害を含む。）その他の心身機能の障害（中略）がある者であつて、障害及び社会的障壁により継続的に日常生活又は社会生活に相当な制限を受ける状態にあるものをいう」（障害者基本法第2条第1号）

ただし、具体的な障害者の範囲は、各障害者福祉法等によって定められています。

雇用対策の観点からの定義規定としては、障害者雇用促進法が「障害者」を次のように定めています。

「身体障害、知的障害、精神障害（発達障害を含む。中略）その他の心身の機能の

障害（中略）があるため、長期にわたり、職業生活に相当の制限を受け、又は職業生活を営むことが著しく困難な者をいう」(障害者雇用促進法第2条第1号)

　これらの法律の定義規定からもわかるように、障害者の定義は、福祉対策の観点から見るか、雇用・就労対策の観点から見るかなど、法や施策の目的によって異なることがあります。

2　障害の種類 ▶▶▶▶▶▶▶▶▶▶▶▶▶▶▶▶▶▶▶▶▶▶▶▶▶▶▶▶▶▶▶▶

　法律や国等の施策の対象になっている障害の種類には、どのようなものがあるのでしょうか？

　わが国では、従来、図表27のように分けられ、福祉対策の分野では、各法律でそれぞれ障害の範囲が定められていました。

図表27　障害の種類と根拠法

障害の種類	障害の範囲を定めている法律名
身体障害者	身体障害者福祉法
知的障害者	知的障害者福祉法
精神障害者	精神保健福祉法
発達障害者	発達障害者支援法

　近年、これら各障害者福祉法の対象となっていないか、または既存の制度では十分な対応が困難な障害者、例えば、「発達障害者」〔アスペルガー症候群、自閉症、高機能自閉症、学習障害（LD）、注意欠陥多動性障害（ADHD）、その他〕や「高次脳機能障害者」などに対する支援ニーズが高まってきました。こうした流れのなかで平成17年から発達障害者支援法が施行されるなど、法制度上の「障害者」の概念が広がってきています。

　そこで、現時点での各障害者福祉法と発達障害者支援法との関係について見ると図表28のようになっています。

図表28　障害者の種類と関係法律の適用関係

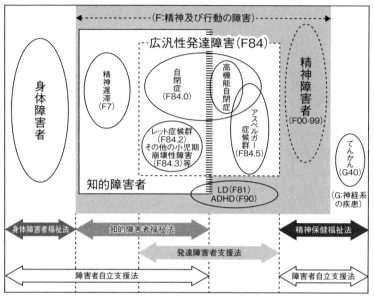

（出典：厚生労働省職業能力開発局『障害者職業能力開発指導者研修テキスト』）

3　**障害者手帳の種類とあらまし** ▶▶▶▶▶▶▶▶▶▶▶▶▶▶▶▶▶▶▶▶▶▶▶

　障害者福祉各法に定める福祉サービスの給付、及び障害者雇用促進法に基づく障害者の法定雇用率制度、雇用納付金制度の適用や助成金等の支援サービスの対象となる障害者は、原則として、障害の種類に応じた障害者手帳の交付を受けていることによって判定されます。障害者手帳の交付は身体障害者、知的障害者及び精神障害者のそれぞれに応じて根拠法令等が異なっています。

　障害者手帳制度の概要をまとめると、図表29のようになっています。

図表29 障害者手帳制度の概要

障害者手帳の種類	身体障害者手帳	療育手帳	精神障害者保健福祉手帳
対象障害者	身体障害者	知的障害者	精神障害者
根拠規定等	身体障害者福祉法第15条	厚生省事務次官通知（昭48.9.27）	精神保健福祉法第45条
創設	昭和25年	昭和48年	平成7年
実施主体	都道府県知事、指定都市市長	都道府県知事、指定都市市長	都道府県知事、指定都市市長
交付対象者	身体障害者福祉法別表の該当者	児童相談所または知的障害者更生相談所で知的障害者と判定された者	精神障害者（知的障害者を除く）
障害等級区分	1級〜6級	A（重度）〜B（その他）、1度（最重度）〜4度（軽度）、A1・A2・B1・B2など	1級〜3級（年金1級〜3級に相当）
有効期間	なし（ただし、障害程度に変更が予想される場合は要審査）	なし（ただし、原則として、2年ごと（状況により2年以上可）に障害程度の判定を行う）	2年（2年ごとに更新手続き）
手帳の交付申請窓口	市町村	市町村	市町村

4 日本の障害者数

日本の障害者数は、図表30のとおりです。

図表30　障害者数（推計）　　　　　　　　　　　　　　　　　（単位：万人）

		総数	在宅者数	施設入所者数
身体障害児・者	18歳未満	7.8	7.3	0.5
	18歳以上	383.4	376.6	6.8
	年齢不詳	2.5	2.5	—
	総計	393.7	386.4	7.3
知的障害児・者	18歳未満	15.9	15.2	0.7
	18歳以上	57.8	46.6	11.2
	年齢不詳	0.4	0.4	—
	総計	74.1	62.2	11.9
		総数	外来患者	入院患者
精神障害者	20歳未満	26.9	26.6	0.3
	20歳以上	365.5	334.6	30.9
	年齢不詳	1.0	1.0	0.1
	総計	392.4	361.1	31.3

（注1）　精神障害者の数は、ICD-10の「Ⅴ精神及び行動の障害」から知的障害（精神遅滞）を除いた数に、てんかんとアルツハイマーの数を加えた患者数に対応している。
　　　　また、年齢別の集計において四捨五入をしているため、合計とその内訳の合計は必ずしも一致しない。
（注2）　身体障害児・者の施設入所者数には、高齢者関係施設入所者は含まれていない。
（注3）　四捨五入で人数を出しているため、合計が一致しない場合がある。

（出典：内閣府『平成28年版障害者白書』）

5 障害者の雇用状況

障害者の雇用状況は、図表31のとおりです。

図表31 民間企業における障害者の雇用状況

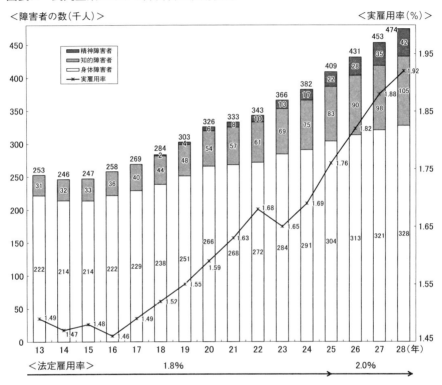

(注1) 雇用義務のある企業(平成24年までは56人以上規模、平成25年以降は50人以上規模の企業)についての集計である。
(注2) 「障害者の数」とは、次に掲げる者の合計数である。

平成17年まで
　身体障害者(重度身体障害者はダブルカウント)
　知的障害者(重度知的障害者はダブルカウント)
　重度身体障害者である短時間労働者
　重度知的障害者である短時間労働者

平成18年以降平成22年まで
　身体障害者(重度身体障害者はダブルカウント)
　知的障害者(重度知的障害者はダブルカウント)
　重度身体障害者である短時間労働者
　重度知的障害者である短時間労働者
　精神障害者
　精神障害者である短時間労働者
　(精神障害者である短時間労働者は0.5人でカウント)

平成23年以降
　身体障害者(重度身体障害者はダブルカウント)
　知的障害者(重度知的障害者はダブルカウント)
　重度身体障害者である短時間労働者
　重度知的障害者である短時間労働者
　精神障害者
　身体障害者である短時間労働者
　(身体障害者である短時間労働者は0.5人でカウント)
　知的障害者である短時間労働者
　(知的障害者である短時間労働者は0.5人でカウント)
　精神障害者である短時間労働者
　(精神障害者である短時間労働者は0.5人でカウント)

(注3) 法定雇用率は平成24年までは1.8%、平成25年4月以降は2.0%となっている。

第2部

企業における障害者の雇用管理と障害者差別禁止指針の順守

序　指針の順守が雇用管理の基本

障害者の雇用管理に当たっては、すべての事業主が、平成27年に定められた「障害者差別禁止指針」及び「合理的配慮指針」を守って行うことが基本です。

第2部においては、障害者の雇用管理とその際の障害者差別禁止指針の順守について解説します。

1　障害者差別禁止指針の趣旨、基本的な考え方、その措置が法違反とならない場合

障害者差別禁止指針では、この指針の趣旨、基本的な考え方及び障害者雇用促進法違反にならない場合について、次のように定めています。

第1　趣旨

この指針は、障害者の雇用の促進等に関する法律（昭和35年法律第123号。以下「法」という。）第36条第1項の規定に基づき、法第34条及び第35条の規定に定める事項に関し、事業主が適切に対処することができるよう、これらの規定により禁止される措置として具体的に明らかにする必要があると認められるものについて定めたものである。

第2　基本的な考え方

全ての事業主は、法第34条及び第35条の規定に基づき、労働者の募集及び採用について、障害者（身体障害、知的障害、精神障害（発達障害を含む。）その他の心身の機能の障害（以下「障害」と総称する。）があるため、長期にわたり、職業生活に相当の制限を受け、又は職業生活を営むことが著しく困難な者をいう。以下同じ。）に対して、障害者でない者と均等な機会を与えなければならず、また、賃金の決定、教育訓練の実施、福利厚生施設の利用その他の待遇について、労働者が障害者であることを理由として、障害者でない者と不当な差別的取扱いをしてはならない。

ここで禁止される差別は、障害者であることを理由とする差別（直接差別をい

い、車いす、補助犬その他の支援器具等の利用、介助者の付添い等の社会的不利を補う手段の利用等を理由とする不当な不利益取扱いを含む。）である。

　また、障害者に対する差別を防止するという観点を踏まえ、障害者も共に働く一人の労働者であるとの認識の下、事業主や同じ職場で働く者が障害の特性に関する正しい知識の取得や理解を深めることが重要である。

第3　差別の禁止

1〜13（略）

14　法違反とならない場合

　1から13まで（著者注：雇用管理の各ステージ）に関し、次に掲げる措置を講ずることは、障害者であることを理由とする差別に該当しない。

イ　積極的差別是正措置として、障害者でない者と比較して障害者を有利に取り扱うこと。

ロ　合理的配慮を提供し、労働能力等を適正に評価した結果として障害者でない者と異なる取扱いをすること。

ハ　合理的配慮に係る措置を講ずること（その結果として、障害者でない者と異なる取扱いとなること）。

ニ　障害者専用の求人の採用選考又は採用後において、仕事をする上での能力及び適性の判断、合理的配慮の提供のためなど、雇用管理上必要な範囲で、プライバシーに配慮しつつ、障害者に障害の状況等を確認すること。

2　障害者の雇用管理の基本的事項と障害者差別禁止指針の規定内容

①　募集・採用　▶▶▶▶▶▶▶▶▶▶▶▶▶▶▶▶▶▶▶▶▶▶▶▶▶▶▶▶▶▶▶▶▶

ア．障害者差別禁止指針の募集・採用についての規定内容

　障害者差別禁止指針では、障害者の募集・採用について、次のように定めています。

1 募集及び採用
(1) 「募集」とは、労働者を雇用しようとする者が、自ら又は他人に委託して、労働者となろうとする者に対し、その被用者となることを勧誘することをいう。「採用」とは、労働契約を締結することをいい、応募の受付、採用のための選考等募集を除く労働契約の締結に至る一連の手続きを含む。
(2) 募集又は採用に関し、次に掲げる措置のように、障害者であることを理由として、その対象から障害者を排除することや、その条件を障害者に対してのみ不利なものとすることは、障害者であることを理由とする差別に該当する。ただし、14*に掲げる措置を講ずる場合については、障害者であることを理由とする差別に該当しない。
　イ　障害者であることを理由として、障害者を募集又は採用の対象から排除すること。
　ロ　募集又は採用に当たって、障害者に対してのみ不利な条件を付すこと。
　ハ　採用の基準を満たす者の中から障害者でない者を優先して採用すること。
(3) (2)に関し、募集に際して一定の能力を有することを条件とすることについては、当該条件が当該企業において業務遂行上特に必要なものと認められる場合には、障害者であることを理由とする差別に該当しない。一方、募集に当たって、業務遂行上特に必要でないにもかかわらず、障害者を排除するために条件を付すことは、障害者であることを理由とする差別に該当する。
(4) なお、事業主と障害者の相互理解の観点から、事業主は、応募しようとする障害者から求人内容について問合せ等があった場合には、当該求人内容について説明することが重要である。また、募集に際して一定の能力を有することを条件としている場合、当該条件を満たしているか否かの判断は過重な負担にならない範囲での合理的配慮（法第36条の2から第36条の4までの規定に基づき事業主が講ずべき措置をいう。以下同じ。）の提供を前提に行われるものであり、障害者が合理的配慮の提供があれば当該条件を満たすと考える場合、その旨を事業主に説明することも重要である。

＊著者注：41頁「第3　差別の禁止　14　法違反とならない場合」参照

イ．法定雇用率の対象となる障害者の雇用・配置方式

　現在の障害者雇用促進法で、法定雇用率に関して実雇用率として算定されるように障害者を雇用し、配置する方式としては、次の４種類があります。

①直接雇用・分散配置方式

　　これは、障害者を、既存の会社内の組織で直接雇用し、その者の担当する業務に分散配置する方式です。この方式になじみやすいのは、それぞれの障害者が独力で担当業務を処理できる障害者である場合です。

②直接雇用・集中配置方式

　　これは、障害者を既存の会社内の特定の組織に集中して配置する方式です。

　　例えば、知的障害者の場合には、組織内の一つの部署に指導者を配置したうえで、その部署に知的障害者を集中配置し、その指導者が、常時、身近にいて作業手順等を教え、見守ることが必要です。したがって、前記①の分散配置ではなく、この集中配置方式の方が効率的です。

③子会社集中雇用方式

　　この方式は、親会社が、新たに特例子会社を設立し、その子会社のみに集中して障害者を雇用し、配置するものです。

　　この方式は、前記②の方式をより一層徹底させるものです。この方式を導入した場合、第１部14頁以降に説明したように、実雇用率はその企業グループ全体で通算して算定されます。

　　この方式の場合、ａ．企業グループ全体の力で子会社を障害者の働きやすい労働環境にすることができる、ｂ．指導員を集中配置して障害者に対応できるというメリットがあります。この方式は、知的障害者の雇用について各企業で導入され、定着しています。

④在宅勤務方式

　　この方式は、雇用労働者として採用した従業員を、会社に出勤させずに、自宅で勤務させるものです。肢体不自由など通勤に困難を伴う障害者、高齢の障害者等について実施します。

　　その障害者が、自宅において独力で業務を遂行できる能力のあることが前

提となります。実施する場合は、あらかじめ、就業規則でルールを明確に定めておくことが必要です。

在宅勤務については、93頁以降でくわしく説明します。

ウ．障害者雇用の前に知っておくことは多い

自社で障害者を雇用する場合、あらかじめ、その障害者について知っておく必要のあることは、障害関係、生活自律関係、職業能力関係、受け入れ職場での配慮事項等実に多くあります。これらを図表1に取りまとめてみました。

図表1　企業が障害者の採用・選考時に確認しておきたいこと

1　障害関係
(1)　障害者手帳の種類・等級 　　　原則として、障害者手帳を所持していないと、雇用しても法定雇用率の算定対象にはなりません。 　　　また、雇入れた人の障害等級により重度障害者として取扱われると、1人の雇用で2人雇ったものとして取扱われます。
(2)　障害の種類・程度 　①障害はあるが、障害者手帳制度を知らず、手帳を取得していない人もいます。産業医、保健所、精神保健福祉センター等と相談したうえで手帳を取得してもらったうえで雇入れるという方法もあります。 　②手帳の障害等級は生活面における支障の程度をあらわすものですから、職業能力の程度を示すものではありません。例えば、車イス使用者は肢体不自由の障害等級は重度です。しかし、座ったままできる仕事に配置すれば、障害のない人と同じように働くことができます。
(3)　合併症の有無・程度 　　　障害者のなかには合併症を持っている人が多くいます。例えば、「知的障害者であり、てんかんでもある」、「発達障害者であるがうつ病でもある」といったことです。
2　生活自律関係
(1)　身辺自律 　　　自分の身の回りのことは自分一人でできるか。これができないと職場で上司・同僚の手助けが必要となります。
(2)　生活リズムの確立 　　　毎日寝る時間、起きる時間、3度の食事は規則正しく取れているか。これが

できていないと欠勤や遅刻の原因となります。
(3) 通勤の可能性
　車イス利用の下肢障害者の場合、ラッシュ時の通勤は困難です。この場合、例えば、次のような工夫が必要です。
①ラッシュ時の通勤を避けられる勤務時間帯にする。
②通勤日数を少なくする。
③在宅勤務制にする。

3　職業能力関係

(1) 本人の希望
　本人は、従事する業務内容、所定労働時間、賃金その他についてどのように希望しているか。
(2) 学歴・職歴等
　本人の学歴、職歴、職業訓練歴等はどのようなものか。退職歴がある場合は、その理由は何か。
(3) 従事作業、労働条件等
　○どのような作業であればできるか。
　○当初の就労契約形態を次のAからCのどれにするか。
　○所定労働時間、勤務時間帯をどうするか。
　　A　職場実習
　　B　業務委託契約
　　C　労働契約
　　　a　契約期間の有無・長さ
　　　b　所定労働時間
　　　　1日　○時間
　　　1週　○日勤務
　　　c　通勤勤務か在宅勤務か

4　受け入れ職場での配慮事項

(1) 障害特性で受け入れ職場の上司・同僚が知っておく必要があることは何か。
　（例えば、てんかん、発作）
(2) 施設設備面での改善が必要な点は何か。
　（例えば、車イス使用者の場合、段差の解消、自動車の駐車場が必要）
(3) 上司・同僚が当人の心身の健康管理、人間関係、コミュニケーション面で配慮しなければならないことは何か。
(4) 当人が職場で体調をくずすきっかけは何か。周囲がそのことに気づいたら、どのようにしたらよいか。

5　連携が必要な他機関

> 　今後勤務を継続させるために連携を取っておく必要がある他機関は次のどれか。
> 　A　以前利用していたハローワーク、学校、障害者職業能力開発校、障害者施設、企業、病院等とその担当者
> 　B　親、主治医
> 　C　外部の支援機関
> 　　a　保健所
> 　　b　地域障害者職業センター

エ．実際に就労させてみてから採否を決定することが必要

　その人に障害があるかないかにかかわらず、面接だけでその人の就労能力その他自社できちんと勤務してもらえるか否かを判断することはなかなか困難なことです。

　とりわけ障害者の場合には、当人の就労能力以外にも、受け入れ職場でどのように対処、配慮をすることが必要かを知っておかなければなりません。これらのことは、当人と職場の安全衛生確保、心身の健康管理のためにも実際に就労させてみてから採用することが必要です。

オ．雇用の前に実習やトライアル雇用の期間を設ける

　正式に採用する前に、試しに受け入れる職場で働いてもらい実態把握する方法もあります。障害者雇用の経験豊富な企業のほとんどは、常用雇用する前に何らかの形で試しに働いてもらう期間を設定しています。

　試しに働いてもらう方法とその際に利用できる国の制度としては、図表2のように様々なものがあります。

図表2　試しに働いてもらう方法と国の制度

	目的・内容等	制度名
1	就労移行支援事業所等で設定する職場実習（数カ月から最長3年程度の各種訓練制度）	①障害者委託訓練 ②社会適応訓練 ③職場適応訓練など

2 試行雇用制度（3カ月から最長1年の期間を定めて試しに雇用するもの）	①トライアル雇用 ②ステップアップ雇用

　詳細は、本書末尾の資料（256頁以降）に記載してあります。その障害者の状況や企業の受け入れ体制に応じて、適切な制度を利用してください。

カ．関係機関との連携

　障害者の場合、修了した支援学校、障害者職業能力開発校、あっせんしたハローワークからその障害者の障害特性、就労能力、必要な配慮点等について情報を得ることができます。また、精神障害者の支援機関としては、地域障害者職業センター、保健所等があります（260頁参照）。

　精神障害者の場合、就労支援を適切に実施している支援機関であれば、病気や障害のことを企業にどう伝えるか本人ときちんと相談し、支援機関からも企業側に情報提供を行うはずです。本人のセールスポイントや具体的な配慮事項、調子をくずすきっかけ・調子をくずすときのサイン・調子をくずしたときの対処方法、生活面を含めた支援体制などがどうなっているかなどについて、情報提供してもらうことが望まれます。

　採用を検討する段階から支援機関を活用すると、精神障害者雇用はよりスムーズに進みます。様々な支援機関があるなかで、どのような支援機関の協力を得たらよいか迷うときには、まず地元のハローワークに問い合わせたり、専門的な助言を求めるときには地域障害者職業センターに相談してみるとよいでしょう。

　なお、個人情報の保護の観点から必要がある場合には、その障害者の同意を得たうえで相談等を行ってください。

② 配置 ▶▶▶▶▶▶▶▶▶▶▶▶▶▶▶▶▶▶▶▶▶▶▶▶▶▶▶▶▶▶▶

ア．障害者差別禁止指針の配置についての規定内容

　障害者差別禁止指針の障害者の配置についての規定内容は次のとおりです。

3　配置（業務の配分及び権限の付与を含む。）

(1)　「配置」とは、労働者を一定の職務に就けること又は就いている状態をいい、従事すべき職務における業務の内容及び就業の場所を主要な要素とするものである。

　　なお、配置には、業務の配分及び権限の付与が含まれる。

　　「業務配分」とは、特定の労働者に対し、ある部門、ラインなどが所掌している複数の業務のうち一定の業務を割り当てることをいい、日常的な業務指示は含まれない。

　　また、「権限付与」とは、労働者に対し、一定の業務を遂行するに当たって必要な権限を委任することをいう。

(2)　配置に関し、次に掲げる措置のように、障害者であることを理由として、その対象を障害者のみとすることや、その対象から障害者を排除すること、その条件を障害者に対してのみ不利なものとすることは、障害者であることを理由とする差別に該当する。ただし、14*に掲げる措置を講ずる場合については、障害者であることを理由とする差別に該当しない。

　イ　一定の職務への配置に当たって、障害者であることを理由として、その対象を障害者のみとすること又はその対象から障害者を排除すること。

　ロ　一定の職務への配置に当たって、障害者に対してのみ不利な条件を付すこと。

　ハ　一定の職務への配置の条件を満たす労働者の中から障害者又は障害者でない者のいずれかを優先して配置すること。

＊著者注：41頁「第3　差別の禁止　14　法違反とならない場合」参照

3　労働時間 ▶▶▶▶▶▶▶▶▶▶▶▶▶▶▶▶▶▶▶▶▶▶▶▶▶▶▶▶▶▶▶▶▶

　障害者の所定労働時間を設定する際、ケースによっては、当初から週40時間勤務（1日8時間・1週5日勤務）とせず、段階的に勤務時間を延長したり、短時間勤務制やフレックスタイム制を適用するなど柔軟に勤務時間を調整する方法もあります。

ア．段階的に勤務時間を延長する

　障害の状況によっては、短時間勤務から始め、徐々に勤務時間を延長している企業もあります。法定雇用率の算定対象とするためには週20時間以上の勤務が必要ですが、はじめから週20時間勤務が難しいという場合には、精神障害者ステップアップ雇用の試行雇用制度を活用し、1年間かけて段階的に週20時間以上の勤務時間にしてから常用雇用に移行するという方法もあります。一方、企業が必要とする能力を発揮できる人であれば、週20時間未満であっても、法定雇用率の算定を意識せずに雇用し、障害者個々人の能力を生かすことを考える企業もあります。

イ．フレックスタイム制を導入する

　障害者の通院時間の確保や体調管理の視点から、フレックスタイム制を活用している企業もあります。フレックスタイム制では、通院するために早退する場合や体調不良により出勤が遅れる場合などに、休暇をとらずに勤務できるメリットがあり、その障害者の障害特性にあわせた配慮が可能になります。

4　**最低賃金制度** ▶▶▶▶▶▶▶▶▶▶▶▶▶▶▶▶▶▶▶▶▶▶▶▶▶▶▶▶▶▶▶▶▶▶▶▶

ア．法定の最低賃金制度とは

　最低賃金制とは、最賃法に基づき、国（都道府県労働局長）が、使用者が労働者に支払う賃金の最低支払金額を定め、これを使用者に守ることを義務付けたものです。違反すると罰則が科される制度です。最低賃金は、日本国内で働くすべての労働者に適用され、使用者は最低賃金額に満たない賃金で従業員を使用することはできません（最賃法第4条第1項）。

　毎年10月頃に金額の改定が行われています。そのときどきの金額は、最寄りの労働基準監督署または都道府県労働局の賃金担当部署（賃金課・室）に問い合わせてください。

　最低賃金は都道府県ごとに、①地域別最低賃金（図表3）と、産業別の②特定最低賃金とが、時間額で決められています。

その都道府県に特定最低賃金の定めがある場合は、その産業で働いている労働者には、地域別最低賃金ではなく、その産業別の金額が適用されます。ただし、特定最低賃金が地域別最低賃金より低い場合は地域別最低賃金が適用されます（最賃法第6条）。特定最低賃金の定めのない場合は、各都道府県ごとの地域別最低賃金が適用されます。なお、特定最低賃金の定めがあっても、その都道府県によっては、次のような労働者については、特定最低賃金ではなく地域別最低賃金が適用される取扱いになっています。

①18歳未満の者または65歳以上の者
②雇入れ後6カ月未満で、技能習得中の者
③清掃または片づけの業務に主として従事する者

図表3　各都道府県の地域別最低賃金（平成28年10月時点）　　　　（円）

北海道	786	埼玉	845	岐阜	776	鳥取	715	佐賀	715
青森	716	千葉	842	静岡	807	島根	718	長崎	715
岩手	716	東京	932	愛知	845	岡山	757	熊本	715
宮城	748	神奈川	930	三重	795	広島	793	大分	715
秋田	716	新潟	753	滋賀	788	山口	753	宮崎	714
山形	717	富山	770	京都	831	徳島	716	鹿児島	715
福島	726	石川	757	大阪	883	香川	742	沖縄	714
茨城	771	福井	754	兵庫	819	愛媛	717	平均	823
栃木	775	山梨	759	奈良	762	高知	715		
群馬	759	長野	770	和歌山	753	福岡	765		

イ．最低賃金はすべての労働者に適用される

　最低賃金は、常用労働者だけでなく、パート、アルバイト、臨時、日雇労働者にも適用されます。障害の有無、雇用形態、性別、国籍（日本人か外国人か）、不法就労者かどうかはまったく関係ありません。
　仮に、会社と労働者の間の労働契約で、最低賃金額未満の賃金額で働くことの合意があっても、その労働契約は無効です。

この場合、最低賃金額と同じ金額で合意をしたものとみなされます（最賃法第4条第2項）。

ウ．最賃法違反についての労働基準監督署の監督指導

厚生労働省で策定される「地方労働行政運営方針」では、毎年最低賃金の履行確保が指示されていて、最低賃金制度の適切な運営は労働基準担当部署の重点施策とされています。平成28年度のこの方針のなかで、「最低賃金制度は、賃金の低廉な労働者の労働条件の改善を図るセーフティネットとして一層適切に機能することが必要である。（中略）最低賃金の履行確保上問題があると考えられる業種等を重点とした監督指導等を行う」とされています。最低賃金の履行確保の監督は毎年行われています。

エ．最賃法違反についての労働基準監督署の措置

労働基準監督官が事業所への監督時に最賃法違反を見つけた場合には、「最低賃金法違反であるので、○月○日までに是正するように」と是正勧告書を交付します。

この是正勧告によりほとんどの場合は是正されます。なかには、法違反を繰り返したり、「是正した」と虚偽の報告をするケースもあります。このような場合には、悪質であるとして地方検察庁の担当検事に書類送検されます。

オ．最賃法違反の罰則

使用者に対する最賃法違反の罰則は労働基準監督官から地方検察庁（担当検事）に送検された事案が起訴され、有罪となった場合は、以下のような取扱いとなります。

地域別最低賃金額以上の賃金額を支払わなかった場合は、罰金の上限額を50万円とする最賃法第40条の罰則が適応されます。他方、特定（産業別）最低賃金額を下回る賃金を支払った場合については、最賃法の罰則は適用されず、労基法第24条の賃金の全額払違反の罰則（罰金の上限額30万円、労基法第120条）

が適用されます。ただし、特定最低賃金が適用される労働者に地域別最低賃金額を下回る賃金を支払った場合は、最賃法違反（罰金の上限額50万円）となります（最賃法第4条第1項、第6条第2項、第40条）。

カ．支払賃金額が最低賃金額以上か否かの確認方法

現在、最低賃金は、ほとんどが時間額で定められています。その労働者に日給制や月給制で賃金が支払われている場合は、支給賃金額〔基本給と職務関連手当（作業手当、職務手当等）との合計額〕を1時間あたりの金額に換算して、これを最低賃金額と比較します。

賃金の支給形態ごとの比較の仕方は、図表4のとおりです。なお、支払賃金額と最低賃金額との比較に当たって除外される賃金は、図表5のとおりです（最賃法第4条第3項第1号～3号、同法施行規則第1条）。

図表4　支払賃金額と最低賃金額との比較方法

---

(1) **時間給の場合**

　　時間給≧最低賃金額（時間額）

(2) **日給の場合**

　　日給÷1日平均所定労働時間≧最低賃金額（時間給）

　　ただし、日額が定められている特定最低賃金が適用される場合には、

　　日給≧最低賃金額（日額）

(3) **月給の場合**

　　月給÷1カ月平均所定労働時間≧最低賃金額（時間額）

(4) **出来高払制その他の請負制によって定められた賃金の場合**

　　出来高払制その他の請負制によって計算された賃金の総額を、当該賃金算定期間に出来高払制その他の請負制によって労働した総労働時間数で除した時間当たりの金額に換算し、最低賃金額（時間額）と比較します。

(5) **上記(1)、(2)、(3)、(4)の組み合わせの場合**

　　例えば、基本給が日給制で、各手当（職務手当など）が月給制などの場合は、それぞれ上記(2)、(3)の式により時間額に換算し、それを合計したものと最低賃金額（時間額）を比較します。

図表5　最低賃金の対象とならない賃金

　　最低賃金額との比較に当たって次の賃金は除外されます。
① 臨時に支払われる賃金（結婚手当など）
② 1カ月を超える期間ごとに支払われる賃金（賞与など）
③ 所定労働時間を超える時間の労働に対して支払われる賃金（時間外割増賃金など）
④ 所定労働日以外の日の労働に対して支払われる賃金（休日割増賃金など）
⑤ 午後10時から午前5時までの間の労働に対して支払われる賃金のうち、通常の労働時間の計算額を超える部分（深夜割増賃金など）
⑥ 精皆勤手当、通勤手当及び家族手当（住宅手当は含まれる）

5　障害者についての最低賃金の減額特例許可制度 ▶▶▶▶▶▶▶▶▶▶▶▶▶▶

ア．最低賃金の減額特例許可制度の目的は

　最低賃金の減額特例許可制度とは、一般の労働者より著しく労働能力が低いなどの場合に、最低賃金を一律に適用するとかえって雇用機会を狭める恐れなどがあるため、特定の労働者については、使用者が都道府県労働局長の許可を受けることを条件として個別に最低賃金の減額の特例が認められるものです。

イ．最賃法第7条(減額特例許可)の規定内容と対象となる労働者の範囲は

　最賃法第7条では、最低賃金の減額特例について次のように規定しています。
「都道府県労働局長の許可を受けたときは、次に掲げる労働者については、当該最低賃金において定める最低賃金額から当該最低賃金額に労働能力その他の事情を考慮して厚生労働省令で定める率を乗じて得た額を減額した額により第4条の規定（著者注：最低賃金以下の金額の支払禁止）を適用する」
　そして、最低賃金の減額特例の対象となるのは、図表6の者です。

図表6　最低賃金の減額特例の対象労働者（最賃法第7条）

① 精神又は身体の障害により著しく労働能力の低い者
② 試の使用期間中の者

> ③職業能力開発促進法（中略）第24条第1項の認定を受けて行われる職業訓練のうち職業に必要な基礎的な技能及びこれに関する知識を習得させることを内容とするものを受ける者であつて厚生労働省令で定めるもの
> ④軽易な業務に従事する者その他の厚生労働省令で定める者

ウ．「精神又は身体の障害により著しく労働能力の低い者」の許可基準は

最低賃金の減額特例対象労働者①の「精神又は身体の障害により著しく労働能力の低い者」についての許可基準は図表7のとおりです。

図表7　精神又は身体の障害により著しく労働能力の低い者の減額特例の許可基準

> (1) 精神又は身体の障害がある労働者であっても、その障害が当該労働者に従事させようとする業務の遂行に直接支障を与えることが明白である場合のほかは許可しないこと。
> (2) 当該業務の遂行に直接支障を与える障害がある場合にも、その支障の程度が著しい場合のみ許可すること。
>   この場合に、支障の程度が著しいとは、当該労働者の労働能率の程度が当該労働者と同一又は類似の業務に従事する労働者であって、減額しようとする最低賃金額と同程度以上の額の賃金が支払われているもののうち、最低位の能力を有するものの労働能率の程度にも達しないものであること。

この許可基準では、単に心身に障害があるだけでは許可の対象にはならず、その障害が業務の遂行に直接著しい支障を与えているということが明白であることが必要になります。

エ．減額特例許可申請の手続きは

最低賃金の減額特例の許可（最賃法第7条）を受けようとする使用者は、許可申請書をその障害者の所属する事業場の所在地を管轄する労働基準監督署長を経由して都道府県労働局長に提出しなければなりません（最賃法施行規則第4条第1項）。

最賃法第7条第1号(「精神又は身体の障害により著しく労働能力の低い者」)の労働者についての許可申請書は様式第1号（図表8）によるものとされています（最賃法施行規則第4条第2項）。この許可申請書は2通提出しなければならないことになっています（最賃法施行規則第17条）。

オ．トラブル防止のために対象障害者の同意が必要
　減額特例の申請を行うに当たっては、事前に、対象となる障害者本人、さらに必要な場合には親に対して、
①障害者の最低賃金の減額特例許可の申請を行うこと、及び②申請の主な内容（障害の種類・等級、減額される最低賃金額等）について説明し、同意を得ておいてください。
　なぜなら、この申請を行うことは、a．その障害者の個人情報（障害の種類、等級、その他）を労働行政機関に伝えること、b．その障害者に適用される最低賃金額を引き下げることになるからです。

カ．「精神又は身体の障害の態様」についての客観的資料
　最低賃金の減額特例を申請するに当たっては、次のような資料が必要になります。
①対象となる障害者が、身体障害者手帳、療育手帳（知的障害者が対象）、精神障害者保健福祉手帳等の交付を受けている場合には、申請書（図表8）の「精神又は身体の障害の態様」欄にこれらの手帳の記載内容に基づき、例えば、「身体障害（下肢）2級」等と記入し、手帳のコピーを添付してください。
②当人が上記①の手帳を所持していない場合には、医師の診断書等に基づき申請書に記載し、診断書を添付してください。
　上記①、②の資料がない場合であっても労働基準監督署に相談してみてください。労働基準監督官が調査を試みたうえで申請が可能か否かを判断します。

図表8　特例許可申請書の様式

様式第1号（第4条関係）

精神又は身体の障害により著しく労働能力の低い者の最低賃金の減額の特例許可申請書

事業の種類	事業場の名称		事業場の所在地
	氏名	性別　生年月日	件名
減額の特例許可を受けようとする労働者			
精神又は身体の障害の態様			減額の特例許可を受けようとする最低賃金　　　　　　円
従事させようとする業務の種類			
労働の態様			支払おうとする賃金　金額　　　　　円以上 減額率　　　　　％
減額の特例許可を必要とする理由等			理由

平成　　年　　月　　日

都道府県労働局長　殿

使用者　職
　　　　氏名　　　　　　　　印

注意
1 「精神又は身体の障害の態様」欄には、精神又は身体の障害の程度を記入すること。
2 「従事させようとする業務の種類」欄には、減額の特例許可があった場合に、当該労働者に従事させようとする業務の種類を具体的に記入すること。
3 「労働の態様」欄には、始業終業の時刻、作業量等を詳細に記入すること。
4 「減額の特例許可を必要とする理由等」欄には、減額の特例許可を受けようとする理由その他の参考となる事項を記入すること。
5 「減額の特例許可を受けようとする最低賃金」欄には、許可に係る最低賃金の件名及び金額を記入すること（地域別最低賃金及び特定最低賃金の双方であれば、それぞれの件名及び金額を連記すること）。
6 「支払おうとする賃金」欄の「金額」欄には、法第4条第3項各号に規定する賃金を除外した最低賃金の対象となる賃金を記入すること。また、「理由」欄には、使用者において当該減額率を定めた理由の概要を記入すること。
7 氏名を記載し、押印することに代えて、署名することができる。

キ．最低賃金の減額率と支払おうとする賃金額の決め方は

　減額特例での最低賃金の減額率については、最賃法施行規則第5条で示された表に記載されています。

　そのなかで、「精神又は身体の障害により著しく労働能力の低い者」については、次のとおりと定めています。

　「当該掲げる者と同一又は類似の業務に従事する労働者であつて、減額しようとする最低賃金額と同程度以上の額の賃金が支払われているもののうち、最低位の能力を有するものの労働能率の程度に対する当該掲げる者の労働能率の程度に応じた率を百分の百から控除して得た率」

　具体的には、図表9の手順で決めています。

図表9　最低賃金の減額率と支払希望賃金額を決める詳細な手順

①比較対象労働者を選ぶ

　減額対象労働者と労働能率の程度を比較する労働者（以下「比較対象労働者」という）は、

ⓐ原則として、申請事業場の他の労働者のうち減額対象労働者と同一又は類似の業務に従事する労働者であって、

ⓑ減額の特例の許可を受けようとする最低賃金額と同程度以上の額の賃金が支払われているもののなかから、

ⓒ最低位の能力を有するものを選定する。

　なお、特定（産業別）最低賃金及び地域別最低賃金の双方について減額特例の許可を受けようとする場合、比較対象労働者は、特定最低賃金の適用を受ける労働者のなかから選定する。

②減額できる率の上限を計算する

計算例

　比較対象労働者の労働能率の程度を100分の100とした場合、例えば、減額対象労働者の労働能率の程度が100分の80であるときは、減額できる率の上限は20％となる。

　　（100/100－80/100＝20(％)）

（注）小数点以下が生じた場合は、少数点第2位以下を切り捨てる。

③**減額率を決める**

②の数値を上限として、対象労働者の次の事項等を総合的に勘案して、減額率を定めて、「支払おうとする賃金」の「減額率」の欄に記入する。

ⓐ対象労働者の職務の内容（職務の困難度、責任の度合いなど）
ⓑ職務の成果（一定時間当たりの労働によって得られる成果など）
ⓒ労働能力（指示の必要性、複数業務の遂行の可否）
ⓓ経験（これまでの経験と、その経験を生かしてどのような能力を発揮できるか）

（注）総合的に勘案した結果であっても、②の数値を上回った減額率（例えば、上記②の例で25％にする）を定めることはできない。

④**支払おうとする賃金額を決める**

上記③の減額率に対応した金額を「支払おうとする賃金」の「金額」欄に記入する。

支払おうとする賃金には、次のⓐ〜ⓒの賃金は含まれない（最賃法第4条第3項）。

ⓐ臨時に支払われる賃金
ⓑ1カ月を超える期間ごとに支払われる賃金
ⓒ時間外・休日労働手当、深夜手当、精皆勤手当、家族手当、通勤手当など

ク．最低賃金額が改定された場合の取扱い

減額特例の許可を受けた最低賃金額が、その後、改定された場合でも、許可の前提となった労働態様等に変更がなければ、減額率は変わりません。このため、最低賃金額改定の発効日以降は、改定後の最低賃金額について、その減額率が適用されることになります。

ケ．減額特例許可による最低賃金額に違反した場合の取扱い

減額特例許可により減額された金額を「最低賃金」として、最賃法第4条（最低賃金額以上の支払義務）が適用されることになります（最賃法第7条）。

つまり、許可された減額率による最低賃金を支払わなかった場合（最賃法第

4条第1項）には最賃法違反として労働基準監督官の監督指導の対象となり、処罰の対象ともなります（最賃法第40条）。

また、その許可された減額率を超えて減額する合意を使用者が労働者と行ったとしても、その合意は民事上無効となり、許可された減額率による最低賃金額と同様の定めをしたことになり（最賃法第4条第2項）、労働者には差額賃金請求権が発生することになります。

コ．障害者雇用と最低賃金の減額特例許可利用の是非は

障害者を雇用する場合でも、最賃法の減額特例の申請をしないで最低賃金額以上の賃金を支払って就業させる事業主も多いと思われます。しかし、最低賃金額が毎年のように引き上げられていく中で、雇用する障害者の障害に伴う労働能力の水準、事業主の賃金支払能力その他から考えて、最低賃金額以上の賃金の支払いを維持できないと考えた場合には、減額特例の許可申請をするのも一つの方法だと思われます。

使用者は、最低賃金の減額特例が許可された場合であっても、これに甘えることなく、①適正配置、教育訓練の徹底により、能力の向上を図り生産性を高める、②作業設備や治工具の改善、作業手順や工程の変更等の工夫により、作業能率の改善を図るなどの積極的対応によって、1日も早く、減額された最低賃金を上回る賃金の支払いを可能とする努力が企業側に望まれます。

サ．障害者差別禁止指針の賃金についての規程内容

障害者差別禁止指針においては、次のように賃金差別を禁止しています。

2　賃金
(1)　「賃金」とは、賃金、給料、手当、賞与その他名称のいかんを問わず、労働の対償として使用者が労働者に支払う全てのものをいう。
(2)　賃金の支払に関し、次に掲げる措置のように、障害者であることを理由として、その対象から障害者を排除することや、その条件を障害者に対してのみ不

> 利なものとすることは、障害者であることを理由とする差別に該当する。ただし、14*に掲げる措置を講ずる場合については、障害者であることを理由とする差別に該当しない。
> イ　障害者であることを理由として、障害者に対して一定の手当等の賃金を支払をしないこと。
> ロ　一定の手当等の賃金の支払に当たって、障害者に対してのみ不利な条件を付すこと。

＊著者注：41頁「第3　差別の禁止　14　法違反とならない場合」参照

　障害者の賃金管理について、経営者の多くは「健常者と同じ基準」を適用しています。しかし、この際に、最低賃金とのかかわりで問題となることの一つが「バランス」です。「最低賃金をクリアするために、能力を上回る賃金を支給したところ、健常者や生産性の高い他の障害者から文句が出た」といった話も聞きます。適正配置や教育訓練によって障害者の職業能力を高め、健常者と同じ賃金管理基準を適用できるようにすることが基本ですが、賃金管理に当たっては、バランスに留意した目配りも必要です。

6　教育訓練

ア．障害者差別禁止指針の教育訓練についての規定

　障害者差別禁止指針では、障害者に対する教育訓練の差別禁止について、次のように定められています。

> **6　教育訓練**
> (1)　「教育訓練」とは、事業主が、その雇用する労働者に対して、その労働者の業務の遂行の過程外（いわゆる「オフ・ザ・ジョブ・トレーニング」）において又は当該業務の遂行の過程内（いわゆる「オン・ザ・ジョブ・トレーニング」）において、現在及び将来の業務の遂行に必要な能力を付与するために行うものをいう。
> (2)　教育訓練に関し、次に掲げる措置のように、障害者であることを理由として、その対象から障害者を排除することや、その条件を障害者に対してのみ不利な

ものとすることは、障害者であることを理由とする差別に該当する。ただし、14*に掲げる措置を講ずる場合については、障害者であることを理由とする差別に該当しない。
イ　障害者であることを理由として、障害者に教育訓練を受けさせないこと。
ロ　教育訓練の実施に当たって、障害者に対してのみ不利な条件を付すこと。
ハ　教育訓練の対象となる労働者を選定するに当たって、障害者でない者を優先して対象とすること。

＊著者注：41頁「第3　差別の禁止　14　法違反とならない場合」参照

イ．企業内教育訓練の実施方法は

(ア)　はじめに

　障害者が職場でその能力を十分に発揮するためには、職業能力を高めるための「教育訓練」が必要です。

　障害者の職業能力については、「生産性が低い」、「仕事の質に問題がある」といった指摘をする事業所もかなりあります。しかし、その事業所が障害者の教育訓練や設備の改善にどれだけ努力し、作業能力の向上に配慮したかとなると問題があるようです。

(イ)　教育訓練を進めるためには

　教育訓練は新規に採用した従業員に対する導入教育のほか、作業内容の高度化などに伴う向上訓練、管理・監督者への登用に当たって行う監督者訓練など、職業生活を通じて各段階できめ細かく実施されることが必要です。有能な職場の人材は、このような教育訓練の積み上げによってはじめて養成されるものなのです。また、教育訓練を有効に行うためには、その内容とあわせて実施体制の整備が不可欠の要件です。

(ウ)　企業内教育訓練の種類と実施形態は

　現在、障害者の多くは、生産現場の技能工、作業員として就労していますが、中規模程度の企業で生産現場の従業員を対象に通常実施されている教育訓練の内容は図表10のとおりです。

なお、規模の小さい企業の場合は、集合教育と記載されている部分の多くがOJTあるいは上司・先輩の個別指導によって行われています。

図表10　企業内教育訓練の種類

1　新人社員教育（導入教育）
〔集合教育（講義）〕
　　○会社、業種、製品などの説明
　　○職業人、従業員としてのマインド、礼儀作法、服務規律など
　　○会社の諸規則、労働条件、福利厚生などの説明
〔集合教育（講義・実習）〕
　　○生産工程の流れと各自の作業内容の説明
　　○基礎技能訓練
　　○基礎安全衛生教育
　　○生産性と品質管理の教育
〔各職場での個別指導〕
　　○技能習得訓練
2　向上教育、再訓練
〔集合教育（講義・実習）〕
　　○知識・技能向上のための教育訓練
　　○技能検定試験、各種資格試験など受験のための教育訓練
〔集合教育（講義・実習）と各職場での個別指導〕
　　○新しい機械・技術などの導入に伴う教育訓練
　　○別の職種・作業への配置転換のための訓練
　　○作業者、技能者としての昇進（例：技手、技手補）のための教育訓練

ウ．障害者の教育訓練のポイントは

現在、障害者に対する教育訓練は、大部分の事業所が「一般健常者と一緒に行い、全く同様に扱う」状況です。

教育訓練はひと通り教えればよいといったものではありません。指導したことが本人に理解され身についてこそ、はじめてその効果が期待されるのです。

そのためには、「本人に理解できるように教える」、「本人の理解度に合わせて一歩ずつ進める」といったきめ細かい息の長い取組みが必要です。ある事業所で、「どうも聴覚障害者に作業ミスが多い。作業手順書を渡し、健常者に説明するのと同じ内容を手話、筆談で説明したのに」という話を聞いたことがあります。これは、「相手の理解力に合わせて説明し、理解度を確認しながら指導する」という障害者に対する教育訓練の基本姿勢を忘れたことからきた結果なのです。

障害者は一般的に変化への適応性が低いといわれています。しかし、技術変化が急速に進展し、作業内容も大きく変わりつつある今日、「新しい仕事への適応が遅い、習熟にも時間がかかる」といって、障害者の教育訓練の手を抜くことは、企業経営上からも許されない状況です。教育訓練の具体的手法については、事業所の事情に応じてそれぞれ工夫し、適切で効果的な方法を生み出すことが必要です。障害者の教育訓練のポイントは図表11のとおりです。

図表11　障害者の企業内教育訓練のポイント

---
①全体の作業の流れのなかでの自分の作業の位置づけ、役割をはっきりと認識させる。
②採用配置後の初期訓練が最も大切。基本をじっくり教え、理解度に合わせて一歩ずつ進む。
③指導は具体的かつ明確に。書面や口頭の説明だけでなく、現場で「やってみせ」、「やらせてみる」ことが必要。
④当人の学力、理解度に合わせて、指導法に工夫を。イラストや写真、図鑑などの活用も有効。難しい言葉は避ける。
⑤教育訓練の効果を絶えず把握する。指導内容を理解しているか、指導どおり実施しているかをフォローアップする。
⑥教育訓練の機会について健常者と差別しない。

なお、知的障害者、精神障害者については、図表11の共通事項のほかに、図表12のような配慮が望まれます。

図表12　知的障害者・精神障害者の教育訓練の配慮事項

①当人が実際に働く職場で、実際に働く方法で行う。
②１回に行う指示は一つ、指示は単純明快に。
③やってみせ、行動で手本を示す。
④習慣化するまで根気よく。身体で覚えることが大切。
⑤一つの段階ができたら次へ。順序よく。仕事の準備から後片付けまで、順を追って訓練することが必要。中抜きや順序の逆転はダメ。
⑥できたらほめ、失敗したら叱らず励まして。
⑦作業を単純化する工夫や治具・工具の改善を。物の分類や計量が苦手でもイラスト表示や計量器に色で目印がつけてあれば作業は可能。

エ．教育訓練の体制づくり

　企業が、従業員に対して教育訓練を行うには、図表13のような業務が必要となります。

図表13　企業内教育訓練を行う場合の必要事項

①社内の教育訓練のニーズ（需要）の把握と分析
②教育訓練計画の作成（目的、実施方法、到達目標、施設、期間、時間、講師、実技指導員、教材、実施結果の評価と改善）
③施設設備、講師、実技指導員、教科書、教材等の手配
④教育訓練の実施
⑤実施後の評価とそれの次回計画への反映・改善
⑥上記の①～⑤のことを行う教育訓練担当者

　これらの業務については、生産現場を離れた集合教育の場合と生産現場での個別指導（OJT）の場合とでは異なりますが、たとえ個別指導の場合であっても、効果的に行うためには、事前の具体的な計画作成、実施中の把握それに実施後の評価と分析は欠かせません。このため、自社のニーズにマッチした効果的な教育訓練を行うためには、その推進力となる組織・体制が必要となります。

大企業の場合には、全従業員のための教育訓練を企画、推進する専任者が配置されていますが、専任者を置けない小企業の場合には、たとえ他の仕事と兼務であっても教育訓練の企画推進者を決め、普段から長期的に自社の人材養成を企画し推進することが必要です。

　そして、次のような理由から、その担当者が障害者の教育訓練もあわせて担当することがよいと思われます。

① 人間誰しも機会均等に扱われることを望みますが、障害者も可能な限り健常者と一緒に、同じ内容の教育訓練を受けることを望んでいます。
② 障害者に対する教育訓練の手法について考えた場合、健常者と全く異なった効果的な手法があるわけでなく、健常者に対して効果的な手法は障害者に対しても効果的です。ただ、具体的に教育訓練を実施する際に、伝達・理解を促進するための配慮が必要なだけです。
③ 職場配置後の障害者に対する教育訓練は、職場の班長や先輩など、障害者の身近な特定個人にまかせきり、その人の負担と努力に全面的に依存していることが多いようです。このため、障害者の教育・指導に関するノウハウが組織のものとして蓄積されず個人のものにとどまり、広く活用できないといった傾向が見られます。

　障害者の教育訓練・指導に組織全体として取り組み、そのための人材を養成するとともに、ノウハウの蓄積・継承を行うことが大切です。

7　昇進・降格

ア．障害者差別禁止指針の昇進・降格に関する規定

　障害者差別禁止指針の昇進・降格に関する規定内容は次のとおりです。

> **4　昇進**
> (1)　「昇進」とは、企業内での労働者の位置付けについて下位の職階から上位の職階への移動を行うことをいう。昇進には、職制上の地位の上方移動を伴わないいわゆる「昇格」も含まれる。

(2) 昇進に関し、次に掲げる措置のように、障害者であることを理由して、その対象から障害者を排除することや、その条件を障害者に対してのみ不利なものとすることは、障害者であることを理由とする差別に該当する。ただし、14*に掲げる措置を講ずる場合については、障害者であることを理由とする差別に該当しない。

　イ　障害者であることを理由として、障害者を一定の役職への昇進の対象から排除すること。

　ロ　一定の役職への昇進に当たって、障害者に対してのみ不利な条件を付すこと。

　ハ　一定の役職への昇進基準を満たす労働者が複数いる場合に、障害者でない者を優先して昇進させること。

5　**降格**

(1) 「降格」とは、企業内での労働者の位置付けについて上位の職階から下位の職階への移動を行うことをいい、昇進の反対の措置である場合と、昇格の反対の措置である場合の双方が含まれる。

(2) 降格に関し、次に掲げる措置のように、障害者であることを理由として、その対象を障害者とすることや、その条件を障害者に対してのみ不利なものとすることは、障害者であることを理由とする差別に該当する。ただし、14*に掲げる措置を講ずる場合については、障害者であることを理由とする差別に該当しない。

　イ　障害者であることを理由として、障害者を降格の対象とすること。

　ロ　降格に当たって、障害者に対してのみ不利な条件を付すこと。

　ハ　降格の対象となる労働者を選定するに当たって、障害者を優先して対象とすること。

＊著者注：41頁「第3　差別の禁止　14　法違反とならない場合」参照

イ．処遇（昇進・昇格等）の取扱いは

　企業に採用された後、労働災害などによって障害者となった者については、昇進・昇格についても「通常ペースで変わりない」場合が大多数です。一方、はじめから障害者として採用された者の昇進、処遇については、今後、大きな

問題となってくるでしょう。

　障害者の雇用の拡大に伴い、その勤続年数は全般的に長期化し、一般常用雇用労働者の平均勤続年数とさほど大きな開きはありません。当然、役付きになり得る経験年数を積んだ障害者もかなりおり、一部の事業所では役付きになっているケースも見られます。

　反面、長期勤続障害者の処遇に苦慮している事業所も少なくありません。特に比較的早い時期から障害者雇用がスタートした製造業では、コミュニケーション面での問題のある聴覚障害者の処遇問題に直面している事業所が多いのです。なかには、聴覚障害者で編成するラインの責任者にしたり、専門職として処遇し効果をあげている事例なども見られますが、いずれにせよ「昇進・昇格」といった処遇面での対応は、働く人の労働意欲に大きな影響を与えます。

　また、年功的な色彩がまだまだ強いわが国の賃金体系のもとでは、「勤続年数」と「昇進・昇格」といった処遇、それに「賃金」とが密接にかかわっています。

　障害者の勤続の長期化という実態を踏まえて、将来を見通した処遇方針を確立し、それに必要な準備（ジョブ・ローテーション、研修・訓練など）にとりかかる必要があります。

　障害者は「差別」には人一倍敏感です。障害者にとって「自分も将来こうなる」といった具体的事例があることは、なによりも大きな「力づけ、励み」となるのです。

8　雇用管理の各ステージにおける障害者差別の禁止 ▶▶▶▶▶▶▶▶▶▶▶▶▶

　障害者差別禁止指針は、第2部でこれまで説明してきた事項以外についても、雇用管理の各ステージ（福利厚生、職種の変更、雇用形態の変更、退職の勧奨、定年、解雇、労働契約の更新）における差別の禁止について、次のように定めています。

7 福利厚生
(1) 「福利厚生の措置」とは、労働者の福祉の増進のために定期的に行われる金銭の給付、住宅の貸与その他の労働者の福利厚生を目的とした措置をいう。
(2) 福利厚生の措置に関し、次に掲げる措置のように、障害者であることを理由として、その対象から障害者を排除することや、その条件を障害者に対してのみ不利なものとすることは、障害者であることを理由とする差別に該当する。ただし、14*に掲げる措置を講ずる場合については、障害者であることを理由とする差別に該当しない。

イ 障害者であることを理由として、障害者に対して福利厚生の措置を講じないこと。
ロ 福利厚生の措置の実施に当たって、障害者に対してのみ不利な条件を付すこと。
ハ 障害者でない者を優先して福利厚生の措置の対象とすること。

8 職種の変更
(1) 「職種」とは、職務や職責の類似性に着目して分類されるものであり、「営業職」・「技術職」の別や、「総合職」・「一般職」の別などがある。
(2) 職種の変更に関し、次に掲げる措置のように、障害者であることを理由として、その対象を障害者のみとすることや、その対象から障害者を排除すること、その条件を障害者に対してのみ不利なものとすることは、障害者であることを理由とする差別に該当する。ただし、14*に掲げる措置を講ずる場合については、障害者であることを理由とする差別に該当しない。

イ 職種の変更に当たって、障害者であることを理由として、その対象を障害者のみとすること又はその対象から障害者を排除すること。
ロ 職種の変更に当たって、障害者に対してのみ不利な条件を付すこと。
ハ 職種の変更の基準を満たす労働者の中から障害者又は障害者でない者のいずれかを優先して職種の変更の対象とすること。

9 雇用形態の変更
(1) 「雇用形態」とは、労働契約の期間の定めの有無、所定労働時間の長短等により分類されるものであり、いわゆる「正社員」、「パートタイム労働者」、「契約社員」などがある。
(2) 雇用形態の変更に関し、次に掲げる措置のように、障害者であることを理由

として、その対象を障害者のみとすることや、その対象から障害者を排除することに、その条件を障害者に対してのみ不利なものとすることは、障害者であることを理由とする差別に該当する。ただし、14*に掲げる措置を講ずる場合については、障害者であることを理由とする差別に該当しない。

　イ　雇用形態の変更に当たって、障害者であることを理由として、その対象を障害者のみとすること又はその対象から障害者を排除すること。

　ロ　雇用形態の変更に当たって、障害者に対してのみ不利な条件を付すこと。

　ハ　雇用形態の変更の基準を満たす労働者の中から障害者又は障害者でない者のいずれかを優先して雇用形態の変更の対象とすること。

10　退職の勧奨

(1)　「退職の勧奨」とは、雇用する労働者に対し退職を促すことをいう。

(2)　退職の勧奨に関し、次に掲げる措置のように、障害者であることを理由として、その対象を障害者とすることや、その条件を障害者に対してのみ不利なものとすることは、障害者であることを理由とする差別に該当する。ただし、14*に掲げる措置を講ずる場合については、障害者であることを理由とする差別に該当しない。

　イ　障害者であることを理由として、障害者を退職の勧奨の対象とすること。

　ロ　退職の勧奨に当たって、障害者に対してのみ不利な条件を付すこと。

　ハ　障害者を優先して退職の勧奨の対象とすること。

11　定年

(1)　「定年」とは、労働者が一定年齢に達したことを雇用関係の終了事由とする制度をいう。

(2)　定年に関し、次に掲げる措置のように、障害者であることを理由として、その対象を障害者のみとすることや、その条件を障害者に対してのみ不利なものとすることは、障害者であることを理由とする差別に該当する。ただし、14*に掲げる措置を講ずる場合については、障害者であることを理由とする差別に該当しない。

　イ　障害者に対してのみ定年の定めを設けること。

　ロ　障害者の定年について、障害者でない者の定年より低い年齢とすること。

12　解雇

(1)　「解雇」とは、労働契約を将来に向かって解約する事業主の一方的な意思表

示をいい、労使の合意による退職は含まない。

(2) 解雇に関し、次に掲げる措置のように、障害者であることを理由として、その対象を障害者とすることや、その条件を障害者に対してのみ不利なものとすることは、障害者であることを理由とする差別に該当する。ただし、14*に掲げる措置を講ずる場合については、障害者であることを理由とする差別に該当しない。

　イ　障害者であることを理由として、障害者を解雇の対象とすること。

　ロ　解雇の対象を一定の条件に該当する者とする場合において、障害者に対してのみ不利な条件を付すこと。

　ハ　解雇の基準を満たす労働者の中で、障害者を優先して解雇の対象とすること。

13　労働契約の更新

(1)　「労働契約の更新」とは、期間の定めのある労働契約について、期間の満了に際して、従前の契約と基本的な内容が同一である労働契約を締結することをいう。

(2)　労働契約の更新に関し、次に掲げる措置のように、障害者であることを理由として、その対象から障害者を排除することや、その条件を障害者に対してのみ不利なものとすることは、障害者であることを理由とする差別に該当する。ただし、14*に掲げる措置を講ずる場合については、障害者であることを理由とする差別に該当しない。

　イ　障害者であることを理由として、障害者について労働契約の更新をしないこと。

　ロ　労働契約の更新に当たって、障害者に対してのみ不利な条件を付すこと。

　ハ　労働契約の更新の基準を満たす労働者の中から、障害者でない者を優先して労働契約の更新の対象とすること。

＊著者注：41頁「第3　差別の禁止　14　法違反とならない場合」参照

3 人間関係

1 職場での障害者との人間関係 ▶▶▶▶▶▶▶▶▶▶▶▶▶▶▶▶▶▶▶▶▶▶▶▶▶

ア．人間関係の重要性は

　障害者の雇用管理上の問題として多くの企業が指摘するのが「一般従業員との人間関係」です。障害者が温かく受け入れられ、職場の人々とスムーズな人間関係を形成することは、障害者の職場への適応を容易にするためのカギとなるのです。さらに、単にそれだけにとどまらず、職場全体のチームワークを強め、生産性や労働意欲（モラール）の向上にも大きく影響します。障害者の採用に当たって重視する事項として、事業所の多くが「体力」と並んで「性格」をあげているのも、このような人間関係を重視する傾向を反映しているからです。

イ．人間関係からみた障害者の特性は

　障害者については「わがまま」、「自己中心的」、「ひがみっぽい」といった評価をしている事業主もかなり見られます。たしかに、健常者に比べて社会的訓練や体験の幅が制約されていることが原因となって、このような問題を持っている障害者もいます。しかし、これはなにも障害者に共通の性格・特性ではありません。健常者が一人ひとり違うように、障害者の性格も十人十色なのですが、生活環境や経験、周囲の人々の態度などが影響してこのような問題が生じるのです。こうした背景を全く考えずに、障害と性格を短絡的に結びつけて考えるのは、大きな誤りです。

ウ．障害者の心理は

　障害者に共通する心理特性として、一般に指摘されているのは、「劣等感」、「不安」などです。人間誰しも新しい職場に配置されると、仕事に慣れるのに時間が必要ですし、職場の雰囲気に順応する努力も必要です。その間、様々な不安や緊張感、疎外感などを経験しますが、障害者の場合はそれがやや強く現れがちです。

家庭での過保護や情報不足、社会的訓練や体験の幅が健常者の場合に比べてかなり制約されているケースの多い障害者は、「仕事や職場の人達になじんでうまくやっていけるだろうか」、「健康は大丈夫だろうか」といった不安を健常者より強く持ち、ささいな失敗を悔んだり、絶えず周囲の言動に気をつかい、必要以上に緊張感を持つことになりがちです。また、自ら積極的に周囲に働きかけて人間関係を形成することが不得手な人の多い障害者は、職場で同僚から疎外されると「自分はやはり障害者だから」と、疎外の原因を自分の「障害」そのものに求め、劣等感や不満をより強めるとともに、働く自信と意欲をなくしてしまい、遂には職場から脱落するケースも見られます。

　そうした緊張感や疎外感を持たせないような温かい職場の雰囲気づくりが望まれます。

エ. 職場における対応の仕方は

　これまでに障害者を受け入れた経験のない職場では、はじめて障害者を迎える場合、様々な不安や動揺を示します。障害者と生活体験をともにする機会のまだ少ないわが国では、これは無理もないことなのですが、ややもすると人間のひとつの属性にすぎない「障害」を過大視して、障害者のすべてを色眼鏡で見てしまう傾向があります。

　「障害者だから……」といった先入観や偏見を改め、障害者を正しく理解し、同じ職場の仲間として受け入れる姿勢が、よい人間関係づくりの基盤となるのです。

　また、職場の対応の一環として重要なのは障害者を「たくましい職業人」に育てる努力です。よく「仕事は障害を打ち消す」といわれます。たしかに、熟練した技術や知識を持っているレベルの高い仕事をこなしている障害者の場合は、周囲の信頼もあつく、よい人間関係が築かれている場合が多いのです。長い間の生活スタイルのなかで、人に「依存」する習慣が身についてしまい「人に頼るのがあたり前」といった好ましくない姿勢を示す障害者もいます。そこで、たくましい職業人として自立させるための指導が大切です。よい人間関係

を築くためには、障害者を一人前の職業人に育てあげるための仕事面での厳しい指導も大切です。

2　人間関係の改善の仕方 ▶▶▶▶▶▶▶▶▶▶▶▶▶▶▶▶▶▶▶▶▶▶▶▶▶▶▶

　障害者をめぐる職場の人間関係をスムーズなものとするためにの基本姿勢は「仕事は厳しく、人間関係には温かい配慮を」ということに尽きます。次に、人間関係改善のためのポイントとその具体策について述べてみましょう。

ア．人間関係改善のポイントは
㈦　負い目をなくし、みんなの輪の中に
　　職場に迎えられた障害者は、自分は温情で雇ってもらったという負い目意識を持ち、職場の同僚や上司に対して、必要以上に自分を卑下したり、遠慮がちにふるまったりする傾向がでて、それが人間関係に投影されることが考えられます。この傾向が強まるほど人間関係はゆがんできて、やがて同僚からも浮いてしまうことにならないともかぎりません。
　　「みんなの輪の中に」というスローガンを支えるには、障害者自身がまず負い目やひけ目を感じなくてすむよう、周囲が配慮しなくてはなりません。職場の一体感は、こうして培われていくものです。
㈡　見かけの障害に惑わされない
　　身体障害者は、その外見から人目につきやすく、しかも一般の人々は、その障害をストレートに職業能力の減損に結びつけて考える傾向があります。
　　見かけ上の障害に惑わされて、相手の人間としての実態を見失うことのないよう、職場の人に対する教育を徹底することが必要です。
㈢　気がねのいらない職場づくり
　　障害者は、ささいな失敗を悔やんだり、絶えず周囲の言動に気をつかい、必要以上に緊張感を持つことになりがちです。このことは、働く自信の喪失につながり、やがて脱落することにもなりかねません。心の支えと自信を持たせるような配慮が、ぜひ必要になります。そのためには、気がねや遠慮の

いらない職場づくりをモットーに、職場全体が障害者に対する理解を高めていくように心がける必要があります。

(エ) たくましい職業人に育てる努力を

仕事に満足感を覚えるのは、自分がそれを任されているという自覚が前提になります。達成感ややりがいは、たとえそれがささやかであっても、障害者には特に貴重なものです。

障害者だからといって特別扱いをせず、たくましい一人前の職業人に育てあげていくための厳しい指導が望まれます。それを通じて、仕事への意欲や責任感、自信が生まれます。単なるうわべだけの人間関係ではなく、「仕事を通じてのよい人間関係」の確立をモットーにしましょう。

(オ) 組織の一員として育てる

障害の特性や生活環境などの影響から、障害者のなかには、人間関係への適応技術の未熟な者が見受けられます。特に、知的障害者は、それが職場適応上の大きな問題となっています。

そのような人々には、まず対人関係の初歩的なマナーから指導することが必要となってきますが、組織の一員としての行動・態度を身につけさせ、組織に生きる人間の育成をより積極的に目指すことが大切です。

(カ) 語りかけを絶やさない

相互の意思疎通を図るためのコミュニケーションは人間関係の「基礎」をなすものです。

コミュニケーションが最も問題になるのは、聴覚障害者の場合です。しかし、他の障害では問題が少ないかというとそうではありません。もし健常者が障害者を避けて通るような雰囲気が強いと、どうしても意思の疎通は図りにくくなります。進んで障害者に語りかけるような気持ちが職場にみなぎっていることが大切です。

"語りかけ"は、仕事上の指示の伝達だけではありません。むしろ、一見仕事に関係のないような事柄を媒介として、人間関係の絆が深まるのです。

(キ) 仕事以外の場でも人間的な触れ合いを

　職場は、様々な人格を持つ人々によって構成されています。したがって、個人の意思や感情はフォーマルな場での結びつきだけで処理できるものではありません。インフォーマルな場での人と人との結びつきが、どうしても重要な意味を持つことになります。そして、こうした場面での人間的な触れ合いが、フォーマルな場面での人間関係の強化につながり、仲間意識、連帯意識を強めることになるのです。

　障害者の場合は、足が悪くて一緒に行動できない、言語障害があって話がスムーズにできないといった場合もあって、どうしてもインフォーマルな場での交流が疎遠になりがちです。ひっこみ思案の障害者にも進んで声をかけ、このような場での心の交流を深めるための周囲の人の努力が期待されます。

(ク) 必要なときに適切な援助を

　障害者のことをあまり知らない健常者は、善意や同情心のあまり、過剰な手助けをしようとしたり、見当違いな援助の手をさしのべようとしたりすることがあります。ときには、それが障害者当人にとって、ありがた迷惑にもなり、かえって負担になることがあります。

　職場では、重度の障害者であっても、できるだけ他人の援助に頼らず自分の力で行動することが原則です。しかし、障害によっては、いかに作業設備などの面を配慮しても、どうしても人の手を借りなければならない場面がでてきます。本人の意見なども聞いた上で、必要なときに即座に適切な支援ができるような職場づくりが必要です。このような配慮は、人間関係の改善に役立つだけでなく、作業能率の向上や職場の安全管理の面からも大切なものです。

イ．人間関係改善のための具体策は

　障害者の人間関係改善のための具体策には、例えば以下のようなものがあります。

(ア) 仕事の場面での配慮
　○身体的・精神的なハンディを検討し、それぞれの障害にあった職場、職務へ配置する。
　○職場の人々は、障害の特性などについて、正しい理解を持つように努める。そのためには、障害者を職場に受け入れる前の事前啓発も必要である。
　○定期的に職場代表者の情報交換会を行い、問題解決の具体的方策について検討する。
　○社内報やQC活動の場を活用し、障害者に対する正しい理解の促進を図る。
　○1対1またはグループ全体で、話し合いの機会を多く持ち、職場・仕事に関する指導を行うとともに、仕事を通じて人間関係を深めていく。
　○年齢、経歴などがなるべく似通った面倒見のよい明るい性格の同僚を配置することも有効。
　○部内の会議では、障害者から日頃考えていること、意見などをどんどんだしてもらう。
　○人間関係が浅い場合には、特に強い叱責は行わない。むしろ、失敗があったときは勇気づける気持ちが大切である。
　○指示や伝達をよく理解しているかどうかを確認する。
　○必要に応じて、即座に援助できる雰囲気を平素から職場に培っておく。
　○障害者職業生活相談員がいる職場では、相談員に任せきりにしがちであるが、みんなで支える気持ちが大切である。
　○欠勤などの勤務上の問題がある場合、障害に伴う健康状態に原因があるケースもあるので、留意する。
(イ) 仕事以外の場面での配慮
　○個人面談、懇談会、ミーティングなどを実施し、仕事上の悩みやニーズを汲みとる。
　○通勤問題、交友関係、趣味などから、社会の動きに至るまで、幅広い問題について話し合う。
　○通勤途上や移動時、またコミュニケーションなどについて、援助が必要で

あれば、気軽に手を貸す。
○特に、若年者や精神障害者、知的障害者については、家庭との連絡を密にし、必要な場合は家庭訪問、父母との懇談会などを実施する。
○スポーツ活動、レクリエーションなども、障害者が参加しやすい行動計画をたてる。
○仕事以外の場でも、障害者にも役割を与え、参加をすすめる。

　人間関係を改善し、障害者の職場適応を円滑にするためには、前記のような方策があります。しかし、よい人間関係を築くために最も重要なことは、職場で障害者の身近に接触する上司や同僚の人々の態度や行動です。偏見や差別を持たず「障害者とともに生きる姿勢」が根底にあってこそ、はじめてよい人間関係を築くことができるのです。

4　職場の安全衛生の確保

1　職場の安全衛生の大切さ ▶▶▶▶▶▶▶▶▶▶▶▶▶▶▶▶▶▶▶▶▶▶▶▶▶

　障害者の雇用に消極的な企業がよくあげる理由の一つが「労働災害の心配がある」というものです。また、現に障害者を雇用している企業についても、障害者の雇用管理上の問題として「安全性」を指摘する例がかなり見られます。
　このように、労働災害の防止は、企業の大きな関心事であるにもかかわらず、安全衛生管理の実態は必ずしも十分なものとはいえません。「安全衛生の確保」のために必要な組織・体制の整備、安全衛生教育、機械設備の安全衛生点検の徹底など、基本的な面で多くの不備な点が見られるのです。

2　障害者と労働災害の関係 ▶▶▶▶▶▶▶▶▶▶▶▶▶▶▶▶▶▶▶▶▶▶▶▶▶

　職場で起きている労働災害（業務上疾病を含む）の原因を大別すると、図表14のようになります。

図表14　労働災害の発生原因

```
(1) 不安全・不衛生な状態（物）
    例　機械の安全装置がついていない。
        作業通路に凸凹があり、つまずきやすい。
        職場の整理整頓が不十分である。
(2) 不安全・不衛生な行動（人）
    例　機械の操作、危険・有害物の取扱いを誤る。
        無理な姿勢で作業をする。
```

　したがって、職場から労働災害を追放するためには、この「不安全・不衛生な状態」と「不安全・不衛生な行動」をなくすことが必要です。

　障害者の労働災害には、
①障害者であると健常者であるとを問わず起こりうる災害
②障害者であるために作業動作などの制約があって、健常者以上に起こりやすい災害
の2通りがあります。

　障害者の安全衛生管理というと、特別に大がかりなことが必要と考えがちです。しかし、そうではありません。一般従業員に対する安全衛生管理を基盤として、その上にそれぞれの障害の特性に考慮した対応を付加すればそれでよいのです。

③ 安全衛生管理のポイント ▶▶▶▶▶▶▶▶▶▶▶▶▶▶▶▶▶▶▶▶▶▶▶▶▶▶

ア．ポイントは

　職場から労働災害をなくすためには、先に述べた労働災害の原因である「不安全・不衛生な状態」と「不安全・不衛生な行動」を追放することが必要です。

　それには、安全衛生管理を進めるための責任体制（安全衛生管理の組織）を確立するとともに、安全な作業のやり方を教える安全衛生教育や機械・設備などの安全点検を徹底して実施することが必要です。

　安全衛生管理には、これさえやれば労働災害は防げるという特効薬は残念な

がらありません。これから述べるいろいろな方法を並行して進めることが必要です。

イ．安全衛生管理の責任体制の確立は

　安全衛生管理は企業の経営者の責任です。しかし、経営者だけでやれるものでも、効果があがるものでもありません。職場の「全員参加」はもちろんですが、現場の作業に詳しい工場長・課長・班長など、生産ラインの各責任者が安全管理の中心人物として熱心に活動すれば、その効果はてきめんです。

　安衛法では、従業員を50人以上使用する事業所の場合、安全管理者・衛生管理者を選任することが義務付けられています。また、安全委員会や衛生委員会を設けて、職場の安全、衛生について会社側と従業員が話し合うことが定められています（安衛法第11条、第12条、第17条、第18条）。

　従業員10～49人の事業所では、安全衛生推進者、または衛生推進者を選任することが義務付けられています（安衛法第12条の2）。これらの者が、仕事の打合せなどの機会を利用して、安全（衛生）管理についての会社の方針を説明したり、従業員の意見を聞いたりする「話し合いの場」を持つとよいでしょう。この話し合いの場は、障害者も積極的に自分の考えを述べられるような雰囲気のものとすることが必要です。

ウ．安全衛生教育の徹底は

　労働災害の原因を見ると、機械の操作を間違えたり、無理な姿勢などによるものがかなりあります。これらはいずれも「正しい作業方法」を知らなかった、あるいは守らなかったために発生したものです。

　会社側が従業員に対して、正しい作業のやり方を教えることは、安全の確保だけでなく、生産効率を向上させ、製品の品質を高めるためにも不可欠です。

　「この正しい作業」のやり方を教えることが、つまり、安全教育です。その必要性は健常者についても障害者についても変わりありません。とりわけ、障害者については障害の種類や程度に応じたきめ細かい配慮が必要です。

(ア) 安全衛生教育の方法

　安全衛生教育のやり方としては、多数の人を対象とした集団教育と、一人ひとりを対象とした個別教育があります。共通的なことは集団教育でもいいのですが、具体的な作業のやり方を教えるときは個別教育が適しています。

　特に、障害者には、その障害の種類・程度に応じた個別指導が必要です。

(イ) 効果のある個別教育の進め方

　どんな優しい作業でも、次の順序で進めると効果があります。

○まずやってみせる

○一緒にやってみる

○一人でやらせてみる

○何回も繰り返してやらせる

　この際、特に注意することは次のとおりです。

○障害の特性をよく理解し、相手の立場にたって、相手の理解力に合わせて

○なぜ、このことが必要かということを納得させる

○優しいことから順次難しいことへ

○一度に一つのことを

○何回も根気よく、繰り返して

○相手の五感を活用し、図示したり、スライドを使ったり、また、手をとって肌で感じさせる

(ウ) 新入社員の教育と経験者の教育

　事業主は、新たに雇用した者と配置転換などで作業内容が変わった者については、法令で安全衛生教育を実施しなければならないことになっています。

　新入社員については、まず企業が定めている安全衛生のルール（安全衛生心得）などを教え、従業員が作業の際に守らなければならない事項について基礎知識を与えます。次いで、これから従事をする作業の実技訓練を行い、その訓練のなかで、それぞれの作業に必要な安全衛生教育を行います。

　一方、経験者は、仕事に慣れてくると不安全・不衛生な行動をするようになりがちです。そのような場合は、その場で再教育をして安全と衛生に配慮

した作業をするように改めさせなければなりません。これを見逃すとそれが習慣化してしまい、手抜き、不安全・不衛生行動がまたたく間に職場全体に広がってしまいます。

(エ) 作業手順による教育

よい品物を、早く、安全につくるための正しい作業の手順を示したものが「作業手順」です。

健常者の場合には、同じ作業なら一つの作業手順でよいです。しかし、障害者の場合は、同じ作業でも障害の種類・程度に応じた個人別の作業手順をつくることが必要でしょう。手数はかかりますが、これにより作業の安全衛生と能率の向上が確保されるのです。

(オ) 安全衛生教育の手法

安全衛生教育を徹底するためには、障害の種類や程度などに配慮した対応が必要です。例えば、聴覚障害者の場合、「どのようなテキストが理解しやすいか」というアンケートに対し、「図、絵、写真など視覚に訴えるもの」が最も多く、次いで、「テキストはよくわからないので手話・口語による教育」を希望する者が多く見られました。読解力が十分でないというハンディに加え、テキストには見なれない安全衛生用語がたくさんでてくることもテキストを敬遠する一因であるのです。「安全衛生教育」や「作業手順」についてのテキストによる教育を健常者と一緒に実施して、事足れりとしている安易な態度がまま見られます。しかし、これでは実効は全く期待できません。

図、絵、写真などを用いたり、手話・口語・筆談などを併用するなど、それぞれの障害の特性に応じた安全衛生教育の手法を工夫することによって、はじめて教育の効果があがるのです。

エ. 作業環境・設備の改善などによる作業の安全化は

ちょっとした機械・設備や作業環境の不備が、ときには障害者にとって大きな支障となり事故につながることにもなります。障害者を配置する場合は、まずこのような不安全・不衛生な状態を改善することが必要です。それとともに

障害に適した職場配置に留意することが必要です。

(ア)　作業場所の広さ

　　下肢障害者、特に「車いす」や「松葉づえ」使用者にとっては、作業場所の広さや通路の幅が問題になります。車いす使用者の作業場所の広さは健常者の1.8倍、松葉づえ使用者の場合は1.2倍程度が必要といわれています。また、通路も白線を引いたり、整理整頓を励行して、その確保に努めることが大切です。通路の幅は「車いす」の場合は少なくとも90cm（回転する場合は150cm×150cmのスペース）、「松葉づえ」の場合は120cm以上が望まれます。

(イ)　機械の安全化など

　　動力機械の回転部や刃物による加工箇所など危険なところは、カバーをつけて手や衣服が触れないようにしたり、プレスや木工機械などには安全装置をつけて、災害を未然に防ぐことが必要です。

　　肢体不自由者の場合は、工作機械などに使われている「ハンドル」や「押ボタン」などの操作具が使いにくい場合もあります。握りを大きくするなど、障害者が使いやすい方式に改良することが安全にもつながるのです。

　　また、「車いす」使用者の場合、作業台や機械の操作位置が高すぎて仕事がしにくい場合が多いのです。車いすの下にプラットフォーム（踏み台）を置くなどの対応によって作業もぐっとやりやすくなります。

(ウ)　安全衛生点検

　　職場から労働災害を追放するためには、「作業手順」どおりに作業が行われているか、機械・設備・環境等が安全に保たれているかを常に点検し、異常を発見した場合は、改善することが必要です。

　　なお、適格な点検を行うためには、安全衛生点検表（点検項目、判断基準、改善の要否欄などを記載）によるのが効果的です。自分で点検することが困難な障害者については、職場の上司、同僚が、かわって点検することが必要です。

(エ) 安全衛生標識

　作業場所や機械などの危険を示し、作業者に注意をうながすための「安全衛生標識」は、知的障害者にとっても有効です。文字が読めなくても、色や標識の形で判断ができるからです。JIS規格で定められた安全色彩と安全標識を参考にしてください。また、この安全衛生標識は、障害者に十分に教育しておかなければなりません。

(オ) 作業施設の温熱環境等

　脊髄損傷者は、多くの場合、体温調整機能に障害があるため、暑いときには熱が体内にこもる「うつ熱」を起こしたり、室温が低いときには、下半身の冷えによる排尿障害を起こしたりします。また、呼吸器障害者の場合は、風邪から大事に至る場合がまま見られますし、空気が汚れて換気不十分の室内では、息切れを起こしたりします。

　障害の種類・状況にもよりますが、障害者が身体のコンディションを正常に保ちながら作業するためには、作業施設の温度・湿度・換気などについても配慮することが必要です。

オ．非常事態の際の対策は

　障害者が働いている職場では、一番心配なのが火災・地震等の非常事態が発生した場合にどうするかということです。障害者一人ひとりを対象として、
　　〇どのような方法で知らせるか
　　〇誰が、障害者の誰を誘導するか
　　〇どこを通って、どこに避難するか
　　〇歩行不自由者を、どのようにして避難させるか
これらのことをよく検討して、定めておく必要があります。また、ときどき避難訓練を行い、いざというときに、あわてずに避難ができるようにしておくことが大切です。

　非常口、避難通路などはわかりやすく表示するとともに、警報器、避難用具、非常口、非常階段などを定期的に点検し、整備しておくことはいうまでもあり

ません。

　これらのことは、職場だけでなく、寄宿舎についても同じです。

カ．通勤時の事故防止は

　通勤途上での障害者の交通事故や駅の階段からの転落事故などが見られます。危険に直面したときの反応動作が遅かったり、警笛が聞こえなかったり、原因は様々です。通勤時の事故防止のため、各自が十分な注意をはらうよう指導を徹底してください。しかし、視覚障害者でも専門の訓練士の指導を受ければ一人での通勤も可能なのですから、過度に神経質になる必要はありません。知的障害者の場合は電車を乗り間違えたりすることもあるので、困ったときに提示するよう会社の所在地、電話番号を記載したカードを本人に持たせておくことも有効です。

　それぞれの障害者に応じたこのような配慮が、通勤時の事故を防止することになるのです。

5　心身の健康管理

① 障害者の心身の健康管理 ▶▶▶▶▶▶▶▶▶▶▶▶▶▶▶▶▶▶▶▶▶▶

ア．会社の基本的な考え方

　「障害者は欠勤が多いのではないか」と懸念する企業がかなり見られます。また、現に障害者を雇用している企業でも、雇用管理上の問題点として「健康管理」をあげている例がかなり見られます。

　たしかに、障害の種類や程度によっては、健常者に比べて病気に対する抵抗力が弱かったり、疲労度が高いといった場合もあります。しかし、障害者は病人ではありません。社会復帰している大多数の障害者は、リハビリテーションを終え、専門家が「一般社会で十分にやっていける」と太鼓判を押した人々なのです。

　ですから、一般従業員に対する健康管理を十分行っている企業であれば、障

害者を雇用したからといって、特別なことをする必要はありません。健康管理の責任者や職場の人々が障害の特性を理解し、本人の自己管理をバックアップする職場の協力体制をつくりあげることができればよいのです。

イ．身体障害の種類と健康管理上の留意点

　雇用され勤務している障害者の疾病の発生率や休業率を見ると、健常者の場合とほとんど変わらないという調査結果がでています。しかし、障害によっては、次の㈦～㈣のように健康管理上、職場の配慮を必要とする事項もいくつかあります。

㈦　脊髄損傷の場合

　　脊髄損傷者の健康管理で重要なのは、①褥瘡（床ずれ）の予防、②排尿・排便の管理、③ケガ、体温調節への配慮、の３点です。

　　脊髄損傷者の場合、マヒしている部分は皮膚感覚がないため、気づかずに長時間同じ姿勢のままでいると、体重のかかっている部分の血行が妨げられ、皮膚組織が壊死して潰瘍ができます。これが「褥瘡」です。褥瘡を予防するためには、１時間に一度、２～３分間、車いすから身体を浮かせる「プッシュ・アップ」を励行することが望まれます。また、脊髄損傷者は排せつ機能にも障害のあることが多いのですが、水分を十分とり、規則的にトイレにいくなど、リハビリテーション中に受けた指導を本人が確実に守れば、問題はありません。

　　なお、感覚のマヒしている部分は、ぶつけたり傷つけても気がつかないということがあります。発汗などの体温調節機能も失われているため、高温のところでは体温が異常に上がったり、低温のところでは体温が放散されて強い寒さを訴えることがありますので、これらの面での配慮が必要です。

㈑　脳性マヒ・ポリオの場合

　　脳性マヒやポリオの場合、外見にとらわれて仕事の範囲がせばめられている傾向があります。しかし、障害の特性を理解し、その人にあった仕事に就ければ、健康管理上、特別の配慮は必要ありません。

ただ、アテトイド型の脳性マヒの人は、精神的に緊張すると、例えば、指先だけ動かせばよい作業なのに首まで動いてしまう、といった不随意運動が一層ひどくなる傾向があります。このため、過度の疲労を防ぐ意味からも精神的緊張が強い仕事への配置は望ましくありません。

㈦　脳卒中の場合

脳卒中は国民病ともいわれるものです。近年、40歳代、50歳代の働きざかりの人々にも、かなり見られるようになりました。脳卒中で起きる障害は体の右半分あるいは左半分のマヒである「片マヒ」や言語障害などです。これらはリハビリテーションによってかなり回復します。

脳卒中者の健康管理で注意しなければならないのは、心臓や血管系の合併症を持っている場合です。この場合は、心臓についての定期的なチェックや服薬、高血圧の人については服薬や食事などの適切な生活管理が必要です。

血圧を管理し、極端に無理な仕事を避ければ、企業側の懸念する「再発」は、十分防止できます。

㈣　内部障害の場合

内部障害は心臓・じん臓・呼吸器や排せつ機能の障害です。これらの障害に共通しているのは、重労働などの激しい作業や深夜業など身体に負担のかかる過重な労働は好ましくないことです。

じん機能障害が重く、人工透析をしている人は、週2～3回、1回につき5時間程度の透析が必要です。呼吸器障害の場合は肺活量が通常の人に比べて小さいので、風邪をひかないよう注意する必要がありますし、また、粉じん作業は避けるなど、障害の種類や程度によって配慮すべき内容は異なります。健康管理の中心は、なんといっても自己管理です。事業所側に必要なのは、この自己管理をバックアップする職場の姿勢・協力体制をつくりあげることなのです。

② **身体障害者の健康管理のポイント** ▶▶▶▶▶▶▶▶▶▶▶▶▶▶▶▶▶▶

身体障害者の健康管理の基本は、あくまでも「自己管理」の徹底にあります。

企業が行う健康管理の基本は、一般従業員に対する健康管理を確実に行うとともに、身体障害者に対しては、その障害の特性を理解し、自己管理を容易にするための職場のバックアップ体制を確立することです。具体的な配慮点は、図表15のとおりです。

図表15　職場における身体障害者の健康管理のポイント

①自分の健康は自分で守る。職場は自己管理に対する適切なバックアップを。
②障害の種類によって健康管理の方法は様々。障害に対する正しい知識を。
③何でも障害のせいにしないで、一般的な目でチェックしてみる。机の高さや作業姿勢、照明の位置などが疲労や低能率の原因かもしれない。
④適材適所、障害に合った無理のない仕事を。
⑤ハンディのない職場環境を。車いす使用者のために手の届く範囲に物を置いたり、トイレに手すりをつけたり、職場にある材料や技術を使ったちょっとした工夫で、働きやすい職場環境が生まれる。
⑥適切な労働量と休養のリズムを。障害者だからと必要以上に過保護にしたり、「健常者に負けまい」と頑張りすぎて過労になったりしては長続きしない。適切な労働量を把握することが必要。また、疲労回復には軽いスポーツがかえって有効。
⑦定期健診の受診などに配慮を。主治医による定期健診や人工透析が必要な障害者については、受診などを容易にするための勤務時間の配慮などが必要。

③　精神障害者の心身の健康管理 ▶▶▶▶▶▶▶▶▶▶▶▶▶▶▶▶▶▶▶▶▶▶▶▶▶

ア．ポイントは

精神障害者の心身の健康管理のポイントは、図表16のとおりです。

図表16　精神障害者の心身の健康管理のポイント

①通院時間を確保する。
②本人の様子に気を配り、体調不良が確認されたら早めに主治医、産業医等につなげる。
③体調不良のときは、職務を軽減したり、一時的に休養をとらせる。
④ただし、安易に休みがちな人に対しては個別に指導する必要もある。

⑤主治医、産業保健スタッフ（その企業が委嘱している産業医、保健師等）、外部支援機関（地域障害者職業センター、保健所等）と連携をとって対応する。

イ．通院時間を確保するというのは

　精神障害のある従業員の多くは通院を必要としています。通院が必要な従業員に対しては、通院時間を確保しなければなりません。本人が通院している医療機関が夜間や休日に診療していない場合には、休んで通院する必要があります。夜間や休日に診療していても、本人の疲労度や体調管理面を考慮し、休んで通院することを認めている企業もあります。

　精神障害のある従業員が、勤務の時間帯に通院する場合には、次の対応をしている企業が大多数です。

① **1日単位、または半日単位で年次有給休暇を与える。**

　　半日単位で年次有給休暇を与え、0.5日分として取り扱うことは、使用者の判断で認めても、労基法上適法です。

② **1時間単位で年次有給休暇を与える。**

　　事前に、使用者とその事業所の全従業員の過半数を代表する者とで労使協定を結んでおけば、その事業所の全従業員について、時間単位で年次有給休暇を与えることは認められています（労基法第39条第4項）。

③ **一部の企業では、通院時間を出勤扱いにしているケースも見られる。**

　　労基法の年次有給休暇は6カ月間勤務したあとにのみ、年間10日間取得できるものです。このため、主に入社後6カ月を経過していない障害者に特別休暇を与える取扱いにしているものです。

ウ．普段から当人の様子に気をつけ、早めに体調の変化を把握する

　健康管理面については、精神障害のある従業員が主治医と相談しながら、自己管理していくことが基本です。

　ただし、体調に波のある人も多いので、例えば、出勤してきたときに、普段

と違う様子が見られたら、「調子はどうか」といったように一声掛けるなど、普段から本人の様子に気をつけて、普段と違った様子がうかがわれるときには、一声掛けて早期に状況を確認するよう心がけるとよいでしょう。また、体調不良が心配となるときには、早めに主治医、産業保健スタッフ（産業医、保健師等）に連絡し、対応策を検討することが望まれます。

エ．体調不良で休みを訴えてきたときの対応は

体調不良で休みを訴えてきたときには、①業務の負担を軽くする、②しばらくの間、勤務時間を短縮する、③休養をとらせるなどの対応をとることになります。ただし、"休みグセ"のついている人には、当人が申し出たらすぐに仕事を休ませるのではなく、軽い仕事を短時間続けさせることが必要なケースもあります。

いずれにしても、主治医、産業保健スタッフ（産業医、保健師等）、外部支援機関（地域障害者職業センター、保健所等）と連携しながら対応することが必要です。

6　障害者の職場適応を高めるために

1　「よい職場適応」とは ▶▶▶▶▶▶▶▶▶▶▶▶▶▶▶▶▶▶▶▶▶▶▶▶▶▶▶▶▶▶

障害者が職場になじみ、持てる力をフルに生かして働きがいのある職場生活を送っている、企業にとってもその障害者はかけがえのない戦力である。このような状況の実現をめざして、障害者の職場適応に積極的に取り組んでいる企業は数多く見られます。

その従業員が職場にうまく適応しているかどうかを見るためには、企業側と働いている人の双方から見ることが必要です。働きぶりなどが満足できるもので、企業側が「職場適応がよい」と判断した人でも、労働条件に不満を持っていたり、人間関係に悩んでいる場合が案外多いものです。

「よい職場適応」とは、企業にとっても好ましい従業員であり、働く人にと

っても職場生活が満足できる状態をいいます。

　職場適応を高めるためには、これまで述べた採用・配置、教育訓練、労働条件など雇用管理全般にわたって、障害者の特性に配慮した対応を積極的に進めていくことが必要です。そのためには、障害者の職場適応上の問題点を把握することが大切です。

　障害者の職場適応をめぐる問題は様々です。企業としては、まず、一人ひとりの障害者が何を考え、望んでいるか、職場生活においてどんな問題に直面しているかといった職場生活上の問題点を把握することから「職場適応を高めるための対策」が生まれてくるのです。

② 障害者の職場適応を高めるための対策 ▶▶▶▶▶▶▶▶▶▶▶▶▶▶▶▶▶▶▶▶

ア．職場適応対策の手順

　職場適応を高めるための対策の実施手順は図表18のとおりです。

図表17　職場適応を高めるための対策の実施手順

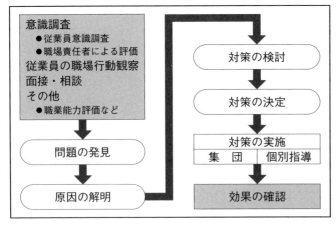

イ．職場適応対策のポイント

　職場適応を高めるためのポイントには、例えば次のようなものがあります。
イ　一人ひとりの特性に応じた対応を。障害の状況も能力や性格・経験もそれぞれ違う。それぞれの特性に応じた対応が必要。

ロ　今、直面している問題を知る。作業条件や人間関係など障害者が職場でどのような問題に直面しているのかを意識調査、日頃の観察、相談などを通じて把握。
ハ　原因の解明を十分に行う。
ニ　問題の把握、原因の解明を踏まえて、必要な対策を実施。その効果を確認しながら効果的運用を。
ホ　配置、教育訓練、労働条件など、雇用管理全般にわたり、障害者の特性に配慮した積極的な対応を。

③　問題点把握のためのチェックポイントと具体的対応策 ▶▶▶▶▶▶▶▶▶▶▶

　職場適応を左右する基本的な事項として、①作業条件、②コミュニケーション、③人間関係、④職場への満足度、の４つがあります。これらの事項について、問題把握のためのチェックポイントと解決のための方策の一例を図表18に示しました。

　チェックポイントを手がかりにいろいろな問題点が把握され、それらに対する対応策が生まれてきます。これらの対応策はそれぞれが複数の役割を持ち、また相互に関連するものです。これらを参考に、企業の事情に応じて実施方法や組み合わせを工夫して実行してみてください。

図表18　職場適応の問題点把握のチェックポイントと解決の具体策例

(1)　作業条件―能力を発揮させるために	
【チェックポイント】	【具体的対応策】
○能力に見合った仕事に配置しているか ○作業に必要な教育訓練は十分か ○職場の安全に配慮しているか ○作業上、障害の影響はないか ○機械設備・作業工程などは障害者が働きやすいように改善されているか ○作業が過重で疲労していないか ○賃金、労働時間、休日などの労働条件に問題はないか	○適正配置 ○教育訓練 ○作業改善 ○労働条件　など

(2) コミュニケーション―意思の疎通を図るために	
【チェックポイント】	【具体的対応策】
○仕事の手順や方法は理解されているか ○職場の仲間やリーダーとの意思疎通は十分か ○トラブルはないか ○会社の経営方針や現状が理解されているか	○朝礼会 ○社内報 ○個別面接制度 ○手話講習会　など
(3) 人間関係―明るい職場をつくるために	
【チェックポイント】	【具体的対応策】
○職場の雰囲気は明るいか ○職場の仲間とはうまくいっているか ○職場のリーダーとは信頼関係で結ばれているか ○困ったとき、気軽に相談できる人がいるか	○職場懇談会 ○レクリエーション ○誕生会　など
(4) 職場への満足度―参加意識を高めるために	
【チェックポイント】	【具体的対応策】
○遅刻や欠勤は多いか ○仕事にやりがいを感じているか ○作業目標の設定などは押しつけになっていないか ○自分への評価に納得しているか ○それぞれの創意工夫を積極的にとりあげているか ○会社の将来に希望を持っているか	○目標管理 ○職場問題研究会 ○提案制度　など

4　生活指導など

　職場適応を左右する大きな要因として人間関係があります。円満な人間関係の形成に関連して障害者の生活指導にも目を向けなければなりません。

　「人にやってもらってあたり前だと思っている」、「仲間にあいさつもしない」といった非難が職場で聞かれる場合がままあります。家庭や養護学校、施設などで十分すぎるケアを受けて育った障害者のなかには、自己中心的で依頼心が強かったり、社会生活の基礎的なマナーが身についていない者も見られ、これが人間関係に「ひずみ」を与えているケースもたしかにあります。しかし、それも本人だけに原因があるのではなく、これまでに社会人としての生活に必要な訓練やしつけを受ける機会が不足していたことが大きな要因なのです。

　社会人としての基本的な心構え、マナーなどは、本来、家庭や学校で十分教

育すべきものですが、現在は、やむなく企業がその役割を負担している場合も多いのです。「悪気はないんだ。これまで訓練される機会がなかったんだ。職場の皆が自分たちの輪の中に取り込んで一人前に育ててやろうよ」といった職場の雰囲気づくりが必要です。

　障害者を雇用している事業所の多くは、職場生活についての相談・指導にあたる担当者を配置しています。職場生活相談員、エルダーブラザー（シスター）などいろいろですが、何か問題があったとき、障害者が信頼して気軽に相談できる人を職場に配置しておくことは必要であり、また効果もあります。ある事業所では、パートタイマーと知的障害者・聴覚障害者を組み合わせて職場に配置したところ、まるで母親のように障害者の面倒をみてくれ効果をあげているといったケースも報告されています。

　また、家庭との連携も職場対応の重要な「カギ」です。事業所が一人前の職業人として育てようと努力しているのに、「仕事がつらかったらやめろ」、「障害者に残業をさせるなんて……」といった親の存在は、本人の自立・向上意欲にブレーキをかけるばかりでなく、事業所の人々の努力をもムダにしてしまいます。

　障害者の職場適応を高め、自立した職業人として育てていく過程では、家庭との連携が必要な場合も多いのです。若年障害者の採用に当たっては、本人のほかに親にも面接する、１年に１度、親との懇談会を開催する、知的障害者の場合は家庭との連絡帳のやりとりをするなど、事業所によっていろいろの工夫が見られますが、こうした努力が大きな効果をもたらしています。

7　在宅勤務と在宅就業

1　基礎知識

　最近、日本で在宅勤務や在宅就業などの「在宅ワーク制度」が広がってきています。これはパソコン等を利用して自宅で働き、報酬を得る働き方です。
　また、テレワークとは、情報通信ネットワークを活用して、時間と場所に制

約されることなく、自宅、サテライトオフィス（出先の小事業所その他）で、いつでもどこでも仕事ができる働き方をいいます。現在、これらの従事者の大多数は女性です。

ア．在宅ワーク・テレワークの利点は

在宅ワークやテレワークでの働き方は、通常の事務所への通勤勤務に比べ、通勤の困難な障害者・高齢者や仕事と育児・家事・介護等とを両立させる女性に役立ちます。

イ．テレワークの分類は

テレワークは、在宅ワークを含み、在宅ワークよりも広い働き方をいいます。なお、企業等との雇用関係の有無により、図表19のように2つに分類されます。

図表19　テレワークの種類

①雇用関係にあるもの：在宅勤務、サテライトオフィス勤務、リゾートオフィス勤務、直行直帰勤務、モバイルワーク（働く場所を固定しない働き方）等
②雇用関係にないもの：在宅就業＝SOHO（スモールオフィス、ホームオフィス）

ウ．サテライトオフィス勤務制とは

サテライトオフィス勤務制とは、超過密の大都市にある本社事務所等とは別に、社員の住居の近くに小事務所を設け、社員の一部をそこに勤務させるものです。本社等とサテライトオフィスとの間の業務連絡は、各種通信機器、コンピュータ端末を用いて行います。サテライトオフィスで行うのに向いている業務は、一定期間、一人あるいは、そのオフィスのメンバーのみで集中して行うほうが効率的なものです。

例えば、各種の企画、調査分析、研究、コンピュータのシステム・ソフトウェアの作成、建築・機械等の設計、図書・雑誌の編集等です。本書では、テレワークのうち最も普及している在宅勤務と在宅就業について説明します。

エ．在宅勤務者と在宅就業者の違いは

　在宅ワーク従事者に適用される法律は、図表20のとおりです。

図表20　在宅ワーク従事者（自宅で仕事をする人）に適用される法律

分類	判断基準	適用される法律
①「雇用労働者」である場合（在宅勤務）	雇用契約の場合は、雇用労働者に該当する。請負、準委任等の契約であっても、実態からみて従事者に使用従属性があれば、雇用労働者に該当する	労基法、労契法、最賃法、均等法、育介法、パート法、安衛法、労災保険法、雇用保険法、健康保険法、厚生年金保険法
②「家内労働者」である場合（在宅就業）	家内労働法の「委託を受けて、物品の製造、加工等に従事する者」に該当するか否かで判断する	家内労働法、民法（請負、準委任等に関する規定）、国民健康保険法、国民年金法
③①、②に該当しない場合（在宅就業）	①、②の各判断基準に該当しない者	家内労働法を除き、上記②と同じ

　また、「在宅勤務者（会社と雇用関係にある労働者）」と「在宅就業者（会社と雇用関係にない業務処理請負・委託等の就業者）」とで、どのように取扱いが異なるかは、図表21のとおりです。

図表21　在宅勤務者と在宅就業者の違い

	在宅勤務者（雇用労働者）	在宅就業者（業務処理請負・委託従業者）
①労働・社会保険の取扱い	労災保険、雇用保険、健康保険、厚生年金保険に加入できる。	左記の各種保険に加入できない。加入できるのは国民健康保険、国民年金。
②報酬からの源泉徴収	給与から源泉徴収される。	報酬から源泉徴収されない。

③最低賃金の取扱い	最賃法が適用され、使用者は労働者に対して最低賃金額以上の金額を支払わなければならない。	最賃法は適用されない。報酬額は当事者間の契約による。
④労働時間、休日等の取扱い	労基法で、労働時間、休日等が規制される。	労基法は適用されず、左記の規制はない。
⑤施設設備に関する安全衛生基準の取扱い	事業者は、労働者が使用する施設設備を安衛法に定められた基準によることとする義務がある。	左記の法律上の義務はない。

2 在宅勤務とは

ア．ポイントは

在宅勤務とは、雇用労働者が、勤務日の一部または全部について会社に出勤する義務を免除され、主に自宅で勤務する制度のことをいい、形態としては図表22のようなものがあります。

在宅勤務の従事者は、労基法その他の労働法が適用される「雇用労働者」になります。したがって、在宅勤務の従事者は、家内労働、内職、業務処理請負等に該当しません。

図表22 在宅勤務の形態

タイプ	説明
①出勤勤務中心型	勤務日は、原則として会社に出勤して勤務する。例えば、週1日、2日あるいは1カ月のうち5日までといったように在宅勤務の限度日数を決めて、その範囲内で、従業員が希望する日については、自宅等で勤務することを認める。
②事業場外労働のみなし労働時間制（労基法第38条の2）の導入	自社に「みなし労働時間制」を導入するのに合わせて、一定日数については、従業員の出勤を免じ、自宅で勤務できるようにする。

③自宅勤務中心型	従業員は、主として自宅等で勤務をし、週1、2回程度、業務の打ち合わせ、事務用品・原材料の受取り、完成品の納品等のため会社に出勤する。

イ．在宅勤務の対象業務は

　在宅勤務の業務内容は、例えば、パソコンによる文書・図表の作成、データ入力、パンチマシーンによるパンチ、電算写植機を使っての採字、図面のトレース・版下作成、事務処理、建築物・各種機器の設計業務、商品のデザイン・意匠作成、調査の集計・分析、報告書の作成その他です。

③ 在宅就業とは ▶▶▶▶▶▶▶▶▶▶▶▶▶▶▶▶▶▶▶▶▶▶▶▶▶▶▶▶▶▶▶▶▶

ア．ポイントは

　在宅就業は、就業者（受託者）が、会社（委託者）からの委任、発注を受けて、自宅でOA機器、通信機器等を使用して業務処理をするものです。

イ．会社にとっての在宅就業のメリットは

　会社にとっての在宅就業のメリットとしては、図表23の点があげられます。

図表23　会社のとっての在宅就業のメリット

①通勤の困難な障害者、高齢者、育児、家族介護等のために辞職した社員の技能、経験を活用できる。
②労働法が適用されないので、会社（委託者）と就業者（受託者）の委託契約、請負契約により、任意に工賃、納期その他の条件を決めることができる。
③仕事があるときに発注し、仕事量に応じて報酬を支払うので、業務量の増減に対応しやすい。
④社会・労働保険料、ボーナス、退職金等の費用が不要なので、低コストで済む。
⑤自宅での仕事となるので、会社内に仕事をする場所、机等を設けなくて済む。

ウ．在宅就業者のメリットは

在宅就業者のメリットは、図表24のとおりです。

図表24　在宅就業者のメリット

①通勤の困難な肢体不自由などの障害者、高齢者、乳幼児、要介護家族を抱えて退職した社員が、自宅で働くことができる。
②雇用労働者とは異なり、自分のペース、時間配分で仕事ができる。
③会社への通勤が必要なくなる。

エ．在宅就業の対象業務は

在宅勤務の対象業務とほぼ同様です。

オ．適用法令

在宅就業についての会社と就業者との法律上の関係は、業務処理請負・委託等です。これらは従来から内職、家内労働等といわれている働き方です。

請負・委託等は、当事者の一方がある仕事を完成することを約束し、相手方がその仕事の結果に対して報酬を与えることを約束する契約です。また、委託等は、受託者が依頼にもとづき事務や業務を処理するものです。

これらの就業形態は、就業者が、事務所や工場等、会社上司のもとで直接指揮命令を受けて働くものではないため、「雇用労働者」に該当しません。

したがって、会社と就業者の双方に、労基法、最賃法、安衛法等の労働法は適用されません。また、雇用労働者に適用される雇用保険、労災保険、健康保険、厚生年金保険には加入できません（95頁図表21参照）。

カ．業務委託契約書の作成は

会社が就業希望者に仕事を委託する際には、トラブルを防ぐため、図表25の事項を記載した契約書を作成し、就業者と取り交わすことが大切です。実際の業務委託契約書の様式例は、図表26になります。

図表25　業務委託契約書の記載事項

①委託者の氏名、会社名、所在地、電話番号
②就業者（受託者）の氏名、住所、電話番号
③工賃の支払場所、締切日、支払日、金融機関振込みの場合の金融機関名、口座番号
④その他の委託契約条件
　納期、完成品の検査の方法・基準、不良品・納期遅延の場合の取扱い

キ．報酬の決定方法

　会社は、自社の受注単価、工賃等の地域相場、類似の作業工程の工賃、受託者の技量・経験、自社の類似作業の従業員の賃金額、地域の最低賃金額、最低工賃額（家内労働法）等を考慮して、報酬金額を決定します。

ク．在宅勤務者(雇用労働者)と在宅就業者(業務処理請負・委託)との区別の基準は

　出勤して勤務する労働者の場合、事務所、工場等で、決められた始業時刻から終業時刻までの間、管理監督者の指揮命令のもとで働きます。

　ところが、自宅で働く者の場合、どのような要件に該当すれば在宅勤務（雇用労働者）に該当し、どのようなケースが雇用労働者に該当しないか、つまり在宅就業者（家内労働者、内職従事者、請負・委託等就業者）に該当するかが問題となります。

　雇用労働者には、労働法が適用され、労働・社会保険、給与からの源泉徴収、最賃法の適用、労働安全衛生確保の措置が行われます。雇用労働者でなければ労働法は適用されません。自宅で仕事をしている者のうち、どのようなケースが労基法その他の労働法が適用される労働者であるか否かについての判断ポイントは、次の①から③のとおりです。

①仕事の依頼、業務従事の指示等について就業者にその引受けや承諾をするか否かの自由がある場合は、ほぼ雇用労働者でないことになります。
②会社が業務の具体的内容、やり方を指示し、進み具合を管理している場合、

図表26　業務委託契約書の例

業務委託契約書

　委託者〇〇〇会社（以下「甲」という。）は、この契約に定める条件で〇〇〇に関する業務を受託者（〇〇〇（以下「乙」という。）に委託し、乙はこれを受託する。

　当契約書に定めた以外の事項、または当契約書に疑問が生じた場合には、甲乙双方が民法等の法令にもとづいて協議決定する。

　甲及び乙は、当契約書にもどづき業務上知り得た情報については、双方の同意なく無断で、他の目的に利用してはならない。

契約期間	平成〇〇年〇月〇日〜平成〇〇年〇月〇日
業務内容	
報酬額	単価：　　　　　円、合計：　　　　　円
報酬の支払日	1．平成　　年　　月　　日 2．納品後、　　日以内 3．毎月　　日締め、日払い 4．その他（　　　　　　　　　　　　　）
報酬の支払方法	1．乙指定の金融機関の口座に振込 　（金融機関名：　　　　　支店名：　　　） 　口座番号： 2．その他（　　　　　　　　　　　　　）
完成品の納期	1．平成　　年　　月　　日 2．毎月　　日 3．毎週　　曜日 4．その他
完成品の納品先	
不良品及び納期遅延時の取扱い	

平成〇〇年〇月〇日
　　　　　　　　　　委託者（甲）：会社名
　　　　　　　　　　　　　　　　　所在地
　　　　　　　　　　　　　　　　　代表者氏名　〇〇〇〇　㊞
　　　　　　　　　　　　　　　　　担当者氏名　〇〇〇〇　㊞
　　　　　　　　　　　　　　　　　電話番号
　　　　　　　　　　受託者（乙）：住所
　　　　　　　　　　　　　　　　　氏名　　　　〇〇〇〇　㊞
　　　　　　　　　　　　　　　　　電話番号

または勤務日、勤務時間が定められ、本人の報告により使用者が管理している場合は、雇用労働者性が強くなります。
③報酬が、時間給、日給、月給等時間を単位としている場合、自宅に設置する機械、器具が会社から無償貸与されている場合、または他社の業務に従事できない場合は、雇用労働者性を補強します。契約書の名称が雇用契約、請負契約、委託契約のいずれであるかだけでなく、実際の働く状況により判断されます。

4 在宅勤務社員の就業規則のモデル例 ▶▶▶▶▶▶▶▶▶▶▶▶▶▶▶▶▶▶▶

在宅勤務社員は、労基法が適用される雇用労働者（社員）です。このため、自社で在宅勤務制度を実施する場合には、あらかじめ、就業規則に制度内容を定めておくことが必要です。

まず、就業規則（本則）に次の規定を設けます。

> **（在宅勤務制度）**
> 第〇〇条　会社は、在宅勤務制度（社員が自宅で勤務することを認める制度）を設ける。
> 　2　在宅勤務制度の内容については、別に在宅勤務規程を設ける。

さらに、就業規則（本則）の別規則として図表27のような在宅勤務規程を設け、改正した本則と一緒に労働基準監督署に届け出ます。図表27の在宅勤務規程は、事業場外労働に関するみなし労働時間制（労基法第38条の2）にもとづく在宅勤務制度を導入する場合の規程例です。

会社が在宅勤務社員の労働時間、休日等を管理する、在宅勤務社員が他社の業務を行うことを禁止する等が就業規則（在宅勤務規程）で明確になっている場合は、その在宅勤務社員は、労基法その他の労働関係法令が適用され、雇用労働者として取り扱われ、社会保険・労働保険に加入できます。これらの点で、在宅就業者（業務処理請負、業務受託、家内労働等）とは異なります。

図表27　在宅勤務規程例

在宅勤務規程

(目的)
第1条　この規程は、社員の通勤回数を減少させるとともに業務の効率化を図ることにより、社員としての生活と、家庭人・個人としての生活とのゆとりある両立を目指し、一層の勤務意欲向上に資するため、在宅で業務を遂行する者の勤務条件等について定めたものである。

(本規程と就業規則等の関係)
第2条　この規程に定めのない事項については、就業規則（本則）及び労働契約書（兼労働条件通知書）に定めるところによる。
　2　在宅勤務者については、労働基準法その他の労働関係法令が適用される。

(事務の主管)
第3条　在宅勤務制度の主管部署は総務部とする。

(適用)
第4条　この制度は、次の①～②のすべての要件を満たす者に適用する。
　①自宅に通信回線接続のパソコン又はファックスを所有し、必要なときに情報の送受信ができる者
　②所属長の承認を得た者

(手続き)
第5条　在宅勤務を希望する者は、所定の「在宅勤務申請書」を所属長に提出し、その承認を得たうえで総務部所管の「在宅勤務者名簿」に登録し、「在宅勤務登録票」を受領しなければならない。

(勤務場所)
第6条　在宅勤務者の就業場所は、原則として、自宅とする。ただし、別途指示があった場合、又は業務の都合で自宅以外の場所が勤務場所となるときは、「自宅外勤務連絡書」により総務部に届け出るものとする。

(勤務時間等)
第7条　在宅勤務者については、労働基準法第38条の2に規定する事業場外労働に関するみなし労働時間制を適用し、所定労働時間の勤務をしたものとみなす。
　2　在宅勤務者が時間外労働、休日労働、又は深夜労働を行おうとするときは、あらかじめEメール、ファックス等により所属課長に届け出なければならな

3　在宅勤務者は、年次有給休暇又は慶弔休暇を取得するときは、その旨を前日までに、Ｅメール、ファックス等により所属課長に届け出なければならない。

(報告)
第8条　在宅勤務者は、次の方法により自己の勤務状況、業務の進捗状況等を会社に報告しなければならない。
　①Ｅメール、ファックスによるもの
　　イ　業務日報……勤務状況、業務の進捗状況等。毎日
　　ロ　指示事項……Ｅメール又はファックスによることを求められた報告等。適宜
　②電話によるもの
　　イ　急を要する事項……緊急の案件の連絡・確認。随時
　　ロ　勤怠の事項……傷病等により勤務ができないときあるいは年次有給休暇等の休暇申請のとき。そのとき
　2　前項にかかわらず、別途様式の指定を受けた業務については、その指定に従い報告するものとする。

(出社命令)
第9条　会社は、業務上の必要に応じ、在宅勤務者の出社日を定める。
　2　在宅勤務者は、出社日には、会社の指示どおり出社しなければならない。
　3　前項の場合には、会社は在宅勤務者に通勤交通費(実費)を支給する。

(給与)
第10条　在宅勤務者の給与については、○○社員給与規程に定めるところによる。

(費用の負担)
第11条　在宅勤務に伴って発生する光熱費、通信費等の費用は在宅勤務者本人の負担とする。
　2　前項にかかわらず、指示により自宅外勤務が生じた場合の交通費その他会社が認めた費用については、会社負担とし、日報で報告のうえ、給与支給日に精算する。

(研修・教育)
第12条　会社は、在宅勤務者に対して、必要に応じ、職務研修及び安全衛生教育

を行う。
（兼業禁止）
第13条　在宅勤務者は、他社の雇用労働、業務処理請負等をいっさい行ってはならない。
（秘密の厳守）
第14条　在宅勤務者は、業務上知りえた企業秘密、個人情報等を家族その他の他者にいっさい漏らしてはならない。
　２　前項に違反した場合は、就業規則の関係規定に基づき、懲戒処分を行う。
（復帰）
第15条　在宅勤務者が次の各号のいずれかに該当したときは、通常の出勤勤務形態に復帰するものとする。
　①指定期間が満了したとき
　②指定満了期間前に本人の申請があり、会社が認めたとき
　③会社から通常勤務への復帰命令がなされたとき
（施行期日）
付則　この規程は、平成○年○月○日から施行する。

5　在宅勤務制度の導入・運営の際の留意点 ▶▶▶▶▶▶▶▶▶▶▶▶▶▶▶▶▶▶

ア．適用法令の認識

　在宅勤務制度を導入する企業としては、どの就労形態とするのか、その場合に抵触する法令があるか否かを事前に十分に確認しておくことが必要です。また、在宅勤務への従事を希望する者もこれらのことを確認しておくことが必要です。

イ．文書による契約

　口約束は後日何かと誤解、紛争の原因となります。企業も従事希望者も文書による契約をきちんとするように心がけて下さい。雇用労働の場合、企業は就業規則の写し及び在宅勤務であることから一般の勤務者と異なる就業条件等を文書にして渡せばよいでしょう。

ウ．労働時間管理

　従事者が自分のペースで仕事ができることが在宅勤務のメリットです。しかし同時に、健康をそこねる原因ともなりかねません。そこで、まず各従事者が1日の労働時間、休憩、週当たりの労働時間、休息日などについて目安を決め、適度に休憩を取る、体操をするなどしてセルフコントロールすることが不可欠です。そして企業側も勤務状況を把握し、労働時間管理、健康管理についてアドバイスを行うことが必要です。

エ．コミュニケーション、人間関係の保持

　在宅勤務従事者の場合、孤独感が生じやすい傾向にあります。さらに、それまで職場で働いていた雇用労働者が在宅勤務に従事する場合には、社内勤務者とのコミュニケーション・ギャップなどの問題が生じます。

　定期的に職場に出かける、定例会議を設けるなどを管理者と在宅勤務者の双方が心がけることが必要です。また、重度の障害者、家庭の主婦など毎日通勤することが困難な場合を別にすれば、同一の雇用労働者が在宅勤務に継続して従事するのは数年間までとすべきでしょう。

オ．教育訓練の確保

　情報処理業務等は技術変化のテンポが著しいので、企業と従事者の双方が、従事者の新しい知識、技術、技能の習得、そのための教育訓練機会の確保に努めることが必要です。

カ．環境整備、家庭の協力

　在宅勤務者の場合、家庭が同時に職場です。使用機器、机、イス、照明、騒音防止、空調、温度調節などについて、いかに快適に働くか、疲労を少なくするかといった観点から、工夫、改善を日々心がけること、また気分転換を図ることが必要です。さらに、家庭のなかでのお互いの理解、協力、そのための気配りも大切です。

キ．企業秘密の保持、事故の際の対応

　在宅勤務は企業内において管理者の下で就労するものでないため、外部に機密のもれる可能性があります。また、在宅勤務従事者が突然の病気、事故により納期までに仕事を完成させることができなくなることも起こりえます。

　在宅勤務を実施する企業としては、事前に、就業規則と労働契約書のなかに秘密厳守について規定する、事故の場合の仕事の処理のバックアップ体制を考えておくなどの対応をしておくことが必要です。

第3部

障害者の障害種類別の特性と職場における合理的配慮指針の実施事例

序　事業主の障害者に対する合理的配慮指針の規定内容

平成25年改正障害者雇用促進法に基づき定められた合理的配慮指針の規定内容は、次のとおりです。

第1　趣旨

　この指針は、障害者の雇用の促進等に関する法律（昭和35年法律第123号。以下「法」という。）第36条の5第1項の規定に基づき、法第36条の2から第36条の4までの規定に基づき事業主が講ずべき措置（以下「合理的配慮」という。）に関して、その適切かつ有効な実施を図るために必要な事項について定めたものである。

第2　基本的な考え方

　全ての事業主は、法第36条の2から第36条の4までの規定に基づき、労働者の募集及び採用について、障害者（身体障害、知的障害、精神障害（発達障害を含む。）その他の心身の機能の障害（以下「障害」と総称する。）があるため、長期にわたり、職業生活に相当の制限を受け、又は職業生活を営むことが著しく困難な者をいう。以下同じ。）と障害者でない者との均等な機会の確保の支障となっている事情を改善するため、労働者の募集及び採用に当たり障害者からの申出により当該障害者の障害の特性に配慮した必要な措置を講じなければならず、また、障害者である労働者について、障害者でない労働者との均等な待遇の確保又は障害者である労働者の有する能力の有効な発揮の支障となっている事情を改善するため、その雇用する障害者である労働者の障害の特性に配慮した職務の円滑な遂行に必要な施設の整備、援助を行う者の配置その他の必要な措置を講じなければならない。ただし、事業主に対して過重な負担を及ぼすこととなるときは、この限りでない。

　合理的配慮に関する基本的な考え方は、以下のとおりである。
1　合理的配慮は、個々の事情を有する障害者と事業主との相互理解の中で提供されるべき性質のものであること。
2　合理的配慮の提供は事業主の義務であるが、採用後の合理的配慮について、事業主が必要な注意を払ってもその雇用する労働者が障害者であることを知り

得なかった場合には、合理的配慮の提供義務違反を問われないこと。
3 過重な負担にならない範囲で、職場において支障となっている事情等を改善する合理的配慮に係る措置が複数あるとき、事業主が、障害者との話合いの下、その意向を十分に尊重した上で、より提供しやすい措置を講ずることは差し支えないこと。
　また、障害者が希望する合理的配慮に係る措置が過重な負担であるとき、事業主は、当該障害者との話合いの下、その意向を十分に尊重した上で、過重な負担にならない範囲で合理的配慮に係る措置を講ずること。
4 合理的配慮の提供が円滑になされるようにするという観点を踏まえ、障害者も共に働く一人の労働者であるとの認識の下、事業主や同じ職場で働く者が障害の特性に関する正しい知識の取得や理解を深めることが重要であること。

第3　合理的配慮の手続

1 募集及び採用時における合理的配慮の提供について
  (1) 障害者からの合理的配慮の申出
    募集及び採用時における合理的配慮が必要な障害者は、事業主に対して、募集及び採用に当たって支障となっている事情及びその改善のために希望する措置の内容を申し出ること。
    その際、障害者が希望する措置の内容を具体的に申し出ることが困難な場合は、支障となっている事情を明らかにすることで足りること。
    なお、合理的配慮に係る措置の内容によっては準備に一定の時間がかかる場合があることから、障害者には、面接日等までの間に時間的余裕をもって事業主に申し出ることが求められること。
  (2) 合理的配慮に係る措置の内容に関する話合い
    事業主は、障害者からの合理的配慮に関する事業主への申出を受けた場合であって、募集及び採用に当たって支障となっている事情が確認された場合、合理的配慮としてどのような措置を講ずるかについて当該障害者と話合いを行うこと。
    なお、障害者が希望する措置の内容を具体的に申し出ることが困難な場合は、事業主は実施可能な措置を示し、当該障害者と話合いを行うこと。
  (3) 合理的配慮の確定

合理的配慮の提供義務を負う事業主は、障害者との話合いを踏まえ、その意向を十分に尊重しつつ、具体的にどのような措置を講ずるかを検討し、講ずることとした措置の内容又は当該障害者から申出があった具体的な措置が過重な負担に当たると判断した場合には、当該措置を実施できないことを当該障害者に伝えること。

　その検討及び実施に際して、過重な負担にならない範囲で、募集及び採用に当たって支障となっている事情等を改善する合理的配慮に係る措置が複数あるとき、事業主が、障害者との話合いの下、その意向を十分に尊重した上で、より提供しやすい措置を講ずることは差し支えないこと。また、障害者が希望する合理的配慮に係る措置が過重な負担であったとき、事業主は、当該障害者との話合いの下、その意向を十分に尊重した上で、過重な負担にならない範囲で、合理的配慮に係る措置を講ずること。

　講ずることとした措置の内容等を障害者に伝える際、当該障害者からの求めに応じて、当該措置を講ずることとした理由又は当該措置を実施できない理由を説明すること。

2　採用後における合理的配慮の提供について
 (1)　事業主の職場において支障となっている事情の有無等の確認

　労働者が障害者であることを雇入れ時までに把握している場合には、事業主は、雇入れ時までに当該障害者に対して職場において支障となっている事情の有無を確認すること。

　また、
 イ　労働者が障害者であることを雇入れ時までに把握できなかった場合については、障害者であることを把握した際に、
 ロ　労働者が雇入れ時に障害者でなかった場合については、障害者となったことを把握した際に、
事業主は、当該障害者に対し、遅滞なく、職場において支障となっている事情の有無を確認すること。

　さらに、障害の状態や職場の状況が変化することもあるため、事業主は、必要に応じて定期的に職場において支障となっている事情の有無を確認すること。

　なお、障害者は、事業主からの確認を待たず、当該事業主に対して自ら職

場において支障となっている事情を申し出ることが可能であること。

事業主は、職場において支障となっている事情があれば、その改善のために障害者が希望する措置の内容を確認すること。

その際、障害者が希望する措置の内容を具体的に申し出ることが困難な場合は、支障となっている事情を明らかにすることで足りること。障害者が自ら合理的配慮の提供を希望することを申し出た場合も同様とする。

(2) 合理的配慮に係る措置の内容に関する話合い（1(2)と同様）

事業主は、障害者に対する合理的配慮の提供が必要であることを確認した場合には、合理的配慮としてどのような措置を講ずるかについて当該障害者と話合いを行うこと。

なお、障害者が希望する措置の内容を具体的に申し出ることが困難な場合は、事業主は実施可能な措置を示し、当該障害者と話合いを行うこと。

(3) 合理的配慮の確定（1(3)と同様）

合理的配慮の提供義務を負う事業主は、障害者との話合いを踏まえ、その意向を十分に尊重しつつ、具体的にどのような措置を講ずるかを検討し、講ずることとした措置の内容又は当該障害者から申出があった具体的な措置が過重な負担に当たると判断した場合には、当該措置を実施できないことを当該障害者に伝えること。なお、当該措置の実施に一定の時間がかかる場合は、その旨を当該障害者に伝えること。

その検討及び実施に際して、過重な負担にならない範囲で、職場において支障となっている事情等を改善する合理的配慮に係る措置が複数あるとき、事業主が、障害者との話合いの下、その意向を十分に尊重した上で、より提供しやすい措置を講ずることは差し支えないこと。また、障害者が希望する合理的配慮に係る措置が過重な負担であったとき、事業主は、当該障害者との話合いの下、その意向を十分に尊重した上で、過重な負担にならない範囲で、合理的配慮に係る措置を講ずること。

講ずることとした措置の内容等を障害者に伝える際、当該障害者からの求めに応じて、当該措置を講ずることとした理由又は当該措置を実施できない理由を説明すること。

3　その他

合理的配慮の手続において、障害者の意向を確認することが困難な場合、就労

支援機関の職員等に当該障害者を補佐することを求めても差し支えないこと。

第4　合理的配慮の内容
1　合理的配慮の内容

　合理的配慮とは、次に掲げる措置（第5の過重な負担に当たる措置を除く。）であること。

　(1)　募集及び採用時における合理的配慮

　　　障害者と障害者でない者との均等な機会の確保の支障となっている事情を改善するために講ずる障害者の障害の特性に配慮した必要な措置

　(2)　採用後における合理的配慮

　　　障害者である労働者について、障害者でない労働者との均等な待遇の確保又は障害者である労働者の有する能力の有効な発揮の支障となっている事情を改善するために講ずるその障害者である労働者の障害の特性に配慮した職務の円滑な遂行に必要な施設の整備、援助を行う者の配置

　　　その他の必要な措置

　　　なお、採用後に講ずる合理的配慮は職務の円滑な遂行に必要な措置であることから、例えば、次に掲げる措置が合理的配慮として事業主に求められるものではないこと。

　　イ　障害者である労働者の日常生活のために必要である眼鏡や車いす等を提供すること。

　　ロ　中途障害により、配慮をしても重要な職務遂行に支障を来すことが合理的配慮の手続の過程において判断される場合に、当該職務の遂行を継続させること。ただし、当該職務の遂行を継続させることができない場合には、別の職務に就かせることなど、個々の職場の状況に応じた他の合理的配慮を検討することが必要であること。

2　合理的配慮の事例

　合理的配慮の事例として、多くの事業主が対応できると考えられる措置の例は別表のとおりであること。なお、合理的配慮は個々の障害者である労働者の障害の状態や職場の状況に応じて提供されるものであるため、多様性があり、かつ、個別性が高いものであること。したがって、別表に記載されている事例はあくまでも例示であり、あらゆる事業主が必ずしも実施するものではなく、また、別表

に記載されている事例以外であっても合理的配慮に該当するものがあること。

第5　過重な負担
　合理的配慮の提供の義務については、事業主に対して「過重な負担」を及ぼすこととなる場合は除くこととしている。
1　過重な負担の考慮要素
　事業主は、合理的配慮に係る措置が過重な負担に当たるか否かについて、次に掲げる要素を総合的に勘案しながら、個別に判断すること。
　(1)　事業活動への影響の程度
　　　当該措置を講ずることによる事業所における生産活動やサービス提供への影響その他の事業活動への影響の程度をいう。
　(2)　実現困難度
　　　事業所の立地状況や施設の所有形態等による当該措置を講ずるための機器や人材の確保、設備の整備等の困難度をいう。
　(3)　費用・負担の程度
　　　当該措置を講ずることによる費用・負担の程度をいう。
　　　ただし、複数の障害者から合理的配慮に関する要望があった場合、それらの複数の障害者に係る措置に要する費用・負担も勘案して判断することとなること。
　(4)　企業の規模
　　　当該企業の規模に応じた負担の程度をいう。
　(5)　企業の財務状況
　　　当該企業の財務状況に応じた負担の程度をいう。
　(6)　公的支援の有無
　　　当該措置に係る公的支援を利用できる場合は、その利用を前提とした上で判断することとなること。
2　過重な負担に当たると判断した場合
　事業主は、障害者から申出があった具体的な措置が過重な負担に当たると判断した場合には、当該措置を実施できないことを当該障害者に伝えるとともに、当該障害者からの求めに応じて、当該措置が過重な負担に当たると判断した理由を説明すること。また、事業主は、障害者との話合いの下、その意向を十分に尊重

した上で、過重な負担にならない範囲で合理的配慮に係る措置を講ずること。

第6　相談体制の整備等

　事業主は、法第36条の3に規定する措置に関し、その雇用する障害者である労働者からの相談に応じ、適切に対応するため、雇用管理上次の措置を講じなければならない。

1　相談に応じ、適切に対応するために必要な体制の整備
　(1)　相談への対応のための窓口（以下この1において「相談窓口」という。）をあらかじめ定め、労働者に周知すること。
　　（相談窓口をあらかじめ定めていると認められる例）
　　　イ　相談に対応する担当者・部署をあらかじめ定めること。
　　　ロ　外部の機関に相談への対応を委託すること。
　(2)　相談窓口の担当者が、相談に対し、その内容や相談者の状況に応じ適切に対応できるよう必要な措置を講ずること。
2　採用後における合理的配慮に関する相談があったときの適切な対応
　(1)　職場において支障となっている事情の有無を迅速に確認すること。
　(2)　職場において支障となっている事情が確認された場合、合理的配慮の手続を適切に行うこと。
3　相談者のプライバシーを保護するために必要な措置
　採用後における合理的配慮に係る相談者の情報は、当該相談者のプライバシーに属するものであることから、相談者のプライバシーを保護するために必要な措置を講ずるとともに、当該措置を講じていることについて、労働者に周知すること。
4　相談をしたことを理由とする不利益取扱いの禁止
　障害者である労働者が採用後における合理的配慮に関し相談をしたことを理由として、解雇その他の不利益な取扱いを行ってはならない旨を定め、労働者にその周知・啓発をすること。
　（不利益な取扱いを行ってはならない旨を定め、労働者にその周知・啓発をすることについて措置を講じていると認められる例）
　(1)　就業規則その他の職場における職務規律等を定めた文書において、障害者である労働者が採用後における合理的配慮に関し相談をしたこと又は事実関

係の確認に協力したこと等を理由として、当該障害者である労働者が解雇等の不利益な取扱いをされない旨を規定し、労働者に周知・啓発をすること。
(2) 社内報、パンフレット、社内ホームページ等の広報又は啓発のための資料等に、障害者である労働者が採用後における合理的配慮に関し相談をしたこと又は事実関係の確認に協力したこと等を理由として、当該障害者である労働者が解雇等の不利益な取扱いをされない旨を記載し、労働者に配布等すること。
5 その他
これらの相談体制の整備等に当たっては、障害者である労働者の疑義の解消や苦情の自主的な解決に資するものであることに留意すること。

別表

1 合理的配慮の事例として、多くの事業主が対応できると考えられる措置の例は、この表の第一欄に掲げる障害区分に応じ、それぞれこの表の第二欄に掲げる場面ごとに講ずるこの表の第三欄に掲げる事例であること。
2 合理的配慮は、個々の障害者である労働者の障害(障害が重複している場合を含む。)の状態や職場の状況に応じて提供されるものであり、多様性があり、かつ、個別性が高いものであること。したがって、ここに記載されている事例はあくまでも例示であり、あらゆる事業主が必ずしも実施するものではなく、また、ここに記載されている事例以外であっても合理的配慮に該当するものがあること。
3 採用後の事例における障害については、中途障害によるものを含むこと。

障害区分	場面	事例
視覚障害	募集及び採用時	・募集内容について、音声等で提供すること。 ・採用試験について、点字や音声等による実施や、試験時間の延長を行うこと。
	採用後	・業務指導や相談に関し、担当者を定めること。 ・拡大文字、音声ソフト等の活用により業務が遂行できるようにすること。 ・出退勤時刻・休暇・休憩に関し、通院・体調に配慮すること。 ・職場内の机等の配置、危険箇所を事前に確認すること。

		・移動の支障となる物を通路に置かない、机の配置や打合せ場所を工夫する等により職場内での移動の負担を軽減すること。 ・本人のプライバシーに配慮した上で、他の労働者に対し、障害の内容や必要な配慮等を説明すること。
聴覚・言語障害	募集及び採用時	・面接時に、就労支援機関の職員等の同席を認めること。 ・面接を筆談等により行うこと。
	採用後	・業務指導や相談に関し、担当者を定めること。 ・業務指示・連絡に際して、筆談やメール等を利用すること。 ・出退勤時刻・休暇・休憩に関し、通院・体調に配慮すること。 ・危険箇所や危険の発生等を視覚で確認できるようにすること。 ・本人のプライバシーに配慮した上で、他の労働者に対し、障害の内容や必要な配慮等を説明すること。
肢体不自由	募集及び採用時	・面接の際にできるだけ移動が少なくて済むようにすること。
	採用後	・業務指導や相談に関し、担当者を定めること。 ・移動の支障となる物を通路に置かない、机の配置や打合せ場所を工夫する等により職場内での移動の負担を軽減すること。 ・机の高さを調節すること等作業を可能にする工夫を行うこと。 ・スロープ、手すり等を設置すること。 ・体温調整しやすい服装の着用を認めること。 ・出退勤時刻・休暇・休憩に関し、通院・体調に配慮すること。 ・本人のプライバシーに配慮した上で、他の労働者に対し、障害の内容や必要な配慮等を説明すること。
内部障害	募集及び採用時	・面接時間について、体調に配慮すること。
	採用後	・業務指導や相談に関し、担当者を定めること。 ・出退勤時刻・休暇・休憩に関し、通院・体調に配慮すること。

第3部　障害者の障害種類別の特性と職場における合理的配慮指針の実施事例

		・本人の負担の程度に応じ、業務量等を調整すること。 ・本人のプライバシーに配慮した上で、他の労働者に対し、障害の内容や必要な配慮等を説明すること。
知的障害	募集及び採用時	・面接時に、就労支援機関の職員等の同席を認めること。
	採用後	・業務指導や相談に関し、担当者を定めること。 ・本人の習熟度に応じて業務量を徐々に増やしていくこと。 ・図等を活用した業務マニュアルを作成する、業務指示は内容を明確にし、一つずつ行う等作業手順を分かりやすく示すこと。 ・出退勤時刻・休暇・休憩に関し、通院・体調に配慮すること。 ・本人のプライバシーに配慮した上で、他の労働者に対し、障害の内容や必要な配慮等を説明すること。
精神障害	募集及び採用時	・面接時に、就労支援機関の職員等の同席を認めること。
	採用後	・業務指導や相談に関し、担当者を定めること。 ・業務の優先順位や目標を明確にし、指示を一つずつ出す、作業手順を分かりやすく示したマニュアルを作成する等の対応を行うこと。 ・出退勤時刻・休暇・休憩に関し、通院・体調に配慮すること。 ・できるだけ静かな場所で休憩できるようにすること。 ・本人の状況を見ながら業務量等を調整すること。 ・本人のプライバシーに配慮した上で、他の労働者に対し、障害の内容や必要な配慮等を説明すること。
発達障害	募集及び採用時	・面接時に、就労支援機関の職員等の同席を認めること。 ・面接・採用試験について、文字によるやりとりや試験時間の延長等を行うこと。
	採用後	・業務指導や相談に関し、担当者を定めること。 ・業務指示やスケジュールを明確にし、指示を一つずつ出す、作業手順について図等を活用したマニュアルを作成する等の対応を行うこと。 ・出退勤時刻・休暇・休憩に関し、通院・体調に配慮す

		ること。 ・感覚過敏を緩和するため、サングラスの着用や耳栓の使用を認める等の対応を行うこと。 ・本人のプライバシーに配慮した上で、他の労働者に対し、障害の内容や必要な配慮等を説明すること。
難病に起因する障害	募集及び採用時	・面接時間について、体調に配慮すること。 ・面接時に、就労支援機関の職員等の同席を認めること。
	採用後	・業務指導や相談に関し、担当者を定めること。 ・出退勤時刻・休暇・休憩に関し、通院・体調に配慮すること。 ・本人の負担の程度に応じ、業務量等を調整すること。 ・本人のプライバシーに配慮した上で、他の労働者に対し、障害の内容や必要な配慮等を説明すること。
高次脳機能障害	募集及び採用時	・面接時に、就労支援機関の職員等の同席を認めること。
	採用後	・業務指導や相談に関し、担当者を定めること。 ・仕事内容等をメモにする、一つずつ業務指示を行う、写真や図を多用して作業手順を示す等の対応を行うこと。 ・出退勤時刻・休暇・休憩に関し、通院・体調に配慮すること。 ・本人の負担の程度に応じ、業務量等を調整すること。 ・本人のプライバシーに配慮した上で、他の労働者に対し、障害の内容や必要な配慮等を説明すること。

第1章 身体障害
―肢体不自由、視覚障害、
聴覚・言語障害、内部障害―

1 身体障害者についての共通知識

1 身体障害者・重度身体障害者とは ▶▶▶▶▶▶▶▶▶▶▶▶▶▶▶▶▶▶▶

ア．身体障害者とは

　障害者雇用促進法にいう「身体障害者」とは、同法別表（図表1）に掲げる身体障害がある者です。これは、身体障害者福祉法施行規則別表第5号「身体障害者障害程度等級表」に掲げる身体障害者の範囲と合致します。したがって、障害者雇用促進法の対象となる身体障害者は、具体的には「身体障害者障害程度等級表（図表2）の1級から6級までに掲げる身体障害がある者及び7級に掲げる障害が2以上重複している者」となります。

イ．重度身体障害者とは

　身体障害の程度は、「身体障害者障害程度等級表」（図表2）に示されており、最も障害の程度が重い1級から軽い7級まであります。同一等級の障害が2つ以上重複してある場合は1級うえの級とします。障害者雇用促進法においては、前記等級表の1級、2級に該当する障害を持つ者及び3級の障害を2つ以上重複して有する者を「重度身体障害者」としています（障害者雇用促進法第2条第3号、同法施行規則第1条及び別表第1）。重度身体障害者については、雇用障害者数や障害者雇用納付金の算定の際に、重度身体障害者1人を障害者2人分として計算する、いわゆるダブルカウントが行われます。

2 従業員が身体障害者であることの確認方法 ▶▶▶▶▶▶▶▶▶▶▶▶▶▶▶

　その従業員が身体障害者であることの確認は、原則として、本人の申請に基づいて都道府県知事が交付する「身体障害者手帳」によって行います。この手帳を所持していない者については、指定医（身体障害者福祉法第15条の規定により都道府県知事が指定した医師）または、指定医が難しい場合は産業医（安衛法第13条の規定により選任した医師）の診断書によるとされています（ただし、心臓、じん臓、呼吸器または、ぼうこう、直腸の機能障害については指定

医に限る）。

　自社の従業員で身体に障害があるが身体障害者手帳を所持していない場合には、委嘱している産業医等の診断書を作成してもらうことにより確認してください。

図表１　身体障害者の範囲（障害者雇用促進法　別表）

一　次に掲げる視覚障害で永続するもの
　イ　両眼の視力（万国式試視力表によつて測つたものをいい、屈折異状がある者については、矯正視力について測つたものをいう。以下同じ。）がそれぞれ0.1以下のもの
　ロ　一眼の視力が0.02以下、他眼の視力が0.6以下のもの
　ハ　両眼の視野がそれぞれ10度以内のもの
　ニ　両眼による視野の２分の１以上が欠けているもの
二　次に掲げる聴覚又は平衡機能の障害で永続するもの
　イ　両耳の聴力レベルがそれぞれ70デシベル以上のもの
　ロ　一耳の聴力レベルが90デシベル以上、他耳の聴力レベルが50デシベル以上のもの
　ハ　両耳による普通話声の最良の語音明瞭度が50パーセント以下のもの
　ニ　平衡機能の著しい障害
三　次に掲げる音声機能、言語機能又はそしやく機能の障害
　イ　音声機能、言語機能又はそしやく機能の喪失
　ロ　音声機能、言語機能又はそしやく機能の著しい障害で、永続するもの
四　次に掲げる肢体不自由
　イ　一上肢、一下肢又は体幹の機能の著しい障害で永続するもの
　ロ　一上肢のおや指を指骨間関節以上で欠くもの又はひとさし指を含めて一上肢の二指以上をそれぞれ第一指骨間関節以上で欠くもの
　ハ　一下肢をリスフラン関節以上で欠くもの
　ニ　一上肢のおや指の機能の著しい障害又はひとさし指を含めて一上肢の三指以上の機能の著しい障害で、永続するもの
　ホ　両下肢のすべての指を欠くもの
　ヘ　イからホまでに掲げるもののほか、その程度がイからホまでに掲げる障害

の程度以上であると認められる障害
五　心臓、じん臓又は呼吸器の機能の障害その他政令で定める障害（著者注：ぼうこう、直腸、小腸、ヒト免疫不全ウイルスによる免疫、肝臓の機能の障害）で、永続し、かつ、日常生活が著しい制限を受ける程度であると認められるもの

図表2　身体障害者障害程度等級表（身体障害者福祉法施行規則　別表第5号）の適用等級

障害の区分			級別						
			1	2	3	4	5	6	7
視覚障害			○	○	○	○	○	○	
聴覚又は平衡機能の障害	聴覚障害			○	○	○		○	
	平衡機能障害				○		○		
音声機能、言語機能又はそしゃく機能の障害					○	○			
肢体不自由	上肢		○	○	○	○	○	○	○
	下肢		○	○	○	○	○	○	○
	体幹		○	○	○		○		
	乳幼児期以前の非進行性の脳病変による運動機能障害	上肢機能	○	○	○	○	○	○	○
		移動機能	○	○	○	○	○	○	○
心臓、じん臓若しくは呼吸器又はぼうこう若しくは直腸、小腸、ヒト免疫不全ウィルスによる免疫若しくは肝臓の機能の障害	心臓機能障害		○		○	○			
	じん臓機能障害		○		○	○			
	呼吸器機能障害		○		○	○			
	ぼうこう又は直腸の機能障害		○		○	○			
	小腸機能障害		○		○	○			
	ヒト免疫不全ウイルスによる免疫機能障害		○	○	○	○			
	肝臓機能障害		○	○	○	○			

（注1）　同一の等級について2つの重複する障害がある場合は、1級うえの級とする。ただし、2つの重複する障害が特に本表中に指定せられているものは、該当等級とする。
（注2）　肢体不自由においては、7級に該当する障害が2以上重複する場合は、6級とする。
（注3）　異なる等級について2つ以上の重複する障害がある場合については、障害の程度を勘案して当該等級より上の級とすることができる。

③ 身体障害者の雇用状況 ▶▶▶▶▶▶▶▶▶▶▶▶▶▶▶▶▶▶▶▶▶▶▶▶▶▶▶▶

厚生労働省の平成25年の障害者雇用実態調査によると、民間の事業所が常時雇用する身体障害者は全国で43万3千人と推計されてます。

それらの身体障害の種類・程度別の状況は図表3・4のとおりです。

図表3　雇用されている身体障害者の種類別の状況

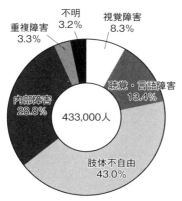

（注）聴覚・言語障害者には聴覚障害者の他に音声、平衡機能障害者が含まれます。
（出典：厚生労働省
　　　　『障害者雇用実態調査（平成25年）』）

図表4　雇用されている身体障害者の程度別の状況

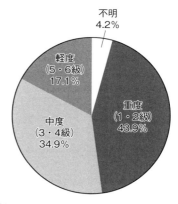

（出典：厚生労働省
　　　『障害者雇用実態調査（平成25年）』）

2　肢体不自由―上肢、下肢、体幹、脳性マヒ―

① 肢体不自由の障害種類、特性等 ▶▶▶▶▶▶▶▶▶▶▶▶▶▶▶▶▶▶▶▶▶▶▶

身体障害者福祉法において、「肢体不自由」については、図表5の類型ごとに、1級から7級までの等級別に障害の範囲が定められています（図表2）。また、各部位ごとの障害の形態は、障害の原因などにより、切断、欠損、奇形、マヒなど様々です。その形態によって機能回復訓練の方法や生活、教育、就業のうえでの問題点も異なってきます。肢体不自由をもたらす原因や疾患には、様々なものがあります。肢体不自由の原因となる疾患のうち、一般的なものの特徴をまとめると図表6となります。

図表5　肢体不自由の障害種類

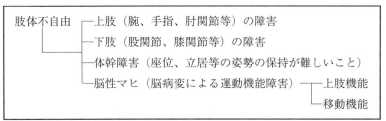

図表6　肢体不自由の原因となる主な疾患

障害原因の発生形態	主な疾患	障害の現れ方	備考
1．脊髄の障害			
(1) 外傷によるもの	脊髄損傷 　頸髄損傷 　胸髄損傷 　腰髄損傷	四肢マヒ（上肢、体幹、下肢） 対マヒ（下肢、体幹） 対マヒ（下肢）	①損傷の場所と程度によって傷害の重さは異なる（一般に頭部に近いほど重度） ②「マヒ」にも弛緩性痙性、拘縮、硬直などの態様がある ③知覚障害をはじめとする各種の随伴症状が見られることがある
(2) 病気によるもの	脊椎症、脊椎カリエス脊髄炎、脊髄腫瘍、二分脊椎、ポリオ、スモン病など	脊髄損傷と同様に、損傷の生じた場所によって四肢マヒ、または対マヒとなる	
2．脳の障害			
(1) 脳の発達期の受障	脳性マヒなど	痙直型（四肢マヒ、対マヒ、片マヒなど） アテトーゼ型（緊張性、非緊張性）・失調型・その他	
(2) 後天的な原因によるもの（脳の発達期以後の受障）	脳血管障害（脳卒中）（脳梗塞、脳血栓、脳塞栓、脳出血、クモ膜下出血など）	片マヒ	知覚障害、失調症、言語障害など各種の症状を伴うことがある

		頭部外傷、脳挫傷、一酸化炭素中毒後遺症など	脳損傷の部位・程度により各種の運動マヒ（四肢マヒ、片マヒ、単マヒ）、精神機能障害（植物状態など）などが生ずる	
3．その他の障害				
(1)	関節の障害	慢性関節リウマチ、関節炎など		
(2)	末梢神経の疾患	末梢神経損傷など	神経線維損傷部位に対応する部分マヒ	
(3)	筋疾患	進行性筋ジストロフィー症、重症筋無力症		
(4)	整形外科的疾患	切断、骨折後遺症、先天性股関節脱臼、サリドマイド、その他の奇形		

2 肢体不自由者の生活上の支障

　ごく大まかにいえば、肢体不自由者は、車イス、松葉づえなどを必要とする下肢障害者と、手と腕の機能に障害のある上肢障害者及び上肢、下肢双方に障害を持つ者に分けて考えられます。

ア．下肢障害者の場合

　下肢のみに障害があって、上肢に大きな障害がない場合は、たとえ車イス使用者であっても、建物内の移動、学校・事業所等への通勤の方途が確保されれば、基本的には日常生活、教育、就業上の支障はありません。

　もっとも、建物内での移動を自由に行えるようにするには、段差の解消、傾斜板の配置、手すりなど施設の改善が必要となる場合があります。また、障害の原因となった疾患によっては、それに応じた健康管理上の配慮が必要となることがあります。

イ．上肢障害者及び四肢障害者の場合

　上肢に障害がある場合は、一般的にいって日常生活、教育、就労などのうえでの制約はより大きくなります。もちろん、障害が片手のみか両手か、障害の部位や程度がどの程度かによって大きく異なります。

　また、たとえ障害が片手のみであっても、それが利き腕であった場合には、機能回復訓練や職業訓練にかなりの努力が必要になってきます。

3　肢体不自由の障害原因である疾病等の特徴及び健康管理 ▶▶▶▶▶▶▶▶▶▶▶

　肢体不自由の障害原因である疾病のうち主な疾病についての特徴及び健康管理について説明します。

ア．脳卒中

(ア) 脳卒中は国民病

　脳卒中は、わが国で死亡原因の第4位を占める国民病です。脳卒中というと老人の病気と考えられがちです。しかし、一般に考えられているよりもずっと多く40歳代、50歳代の人が発病し、脳卒中後遺症者（脳卒中によって身体に永続的な障害を負った人々）が発生しています。脳卒中は私たちにとって身近な問題です。

　脳卒中の主な種類と症状等は図表7のとおりです。

図表7　脳卒中の種類（主として多いもの）

種類		症状等
頭蓋内出血	脳出血	高血圧性脳出血が多い。急に倒れ、数分から数時間のうちに意識障害や片方の手足のマヒ症状が進行する。高血圧者に多く、疲労や低栄養が原因となる場合が多い。ほかに血管の奇形が原因となる脳出血も若い人にたまにある。
	くも膜下出血	脳動脈瘤の破裂によることが多い。激しい頭痛とともに1〜2分のうちに症状が進み、首が硬直、一時的に意識を失う。40〜50歳代の中年に多い。10〜20

脳梗塞 （脳軟化）	脳血栓	歳代の青年に起こるのは、静動脈奇形によるものが多い。
		日本人には中大脳動脈閉塞症が多い。最近は、西欧型といわれる内頚動脈閉塞症も増えている。就寝中や朝起きたてのときによく発症する。片手足マヒや言語障害などがある。前ぶれとしては、一過性虚血発作が見逃せない。
	脳梗塞	突発的に起こり、短時間のうちに片側の体のマヒなどの症状が固まる。心臓に病気があると脳の血管が健康な人にも発生する。 血栓がとれて血流が再開したときに、先の血管が破れて出血することもあるので注意を要する。

「脳」という字がつくと、「精神の大事な機能をつかさどっている脳が侵されてしまった。だから、責任ある仕事はまかせられない」と考えられがちです。しかし、侵されるのは運動中枢か、そこから脊髄に至る連絡路で、知的な能力には影響がないのが普通です。発音器官がマヒしているため、ろれつが回らないような話し方になることがあります。しかし、そのような場合でも理解力や判断力は侵されていない場合が多いので、表面だけで判断しないことです。

(イ) 機能回復訓練

　脳卒中の機能回復訓練は、できるだけ早い時期にはじめるというのが今では常識になっています。発病直後の2、3日は命を救うことが中心で安静も必要です。その時期でも、将来関節が固まって動かなくなったりしないよう姿勢に注意したり、訓練を行います。生命の危険が遠のいたら、ただちに座る訓練をはじめ、徐々に立つ訓練、歩く訓練へと進んでいきます。

　脳卒中で起こるのは片マヒ、つまり、体の右半分（右手、右足）または左半分（左手、左足）のマヒです。後述の脊髄損傷と違って脳卒中では、手や足がうまく動かせなくなるだけで、感覚はあまり侵されません。

　40歳代、50歳代までであれば、ほかに重い病気がない限り歩けるようになり、電車やバスを使っての通勤も可能です。手の場合、足ほどうまくいきま

せん。30～40％の人は、マヒした手がマヒしていない方の手の補助ができるまで回復しますが、残りの人は、片方の手が全く役に立たなくなってしまいます。

利き手がマヒして使えなくなった場合、本人にとってショックはかなり大きいものがあります。利き手の回復に固執してなかなか反対の手の訓練にとりかからないことがあります。しかし、2～3カ月訓練すれば、反対の手で字が書けるようになります。

(ウ) 職場復帰

昨日まで元気に働いていた社員が、脳卒中にかかってリハビリテーションを終えたとき、原職復帰の壁となっているのが、意外にも上司や同僚の「あんな身体の人を働かせるのは気の毒」とか「もう少し病院にいたほうが治るのでは」という善意なのです。

脳卒中では、病気は治ってもマヒは残ります。病院に長くいれば、元通りになるというわけではないのです。大部分のデスクワークは、片手が使えればこなすことができます。会社側はむしろ「早く戻って君の長年の経験を生かしてほしい」という姿勢で迎えてほしいのです。

脳卒中の場合、企業側に再発を恐れる気持ちが非常に強く、それが復職、再就職の妨げになっています。しかし、実際には再発はあまりありません。血圧の薬を飲むなどしてコントロールし、極端に無理なスケジュールの仕事を避ければ、再発は十分防止できます。一度かかった人は、自分が無理をして病気になったことを自覚しているため健康に注意するようになるので、かえってかかったことのない人より、脳卒中にかかりにくいといわれています。本人側の自覚さえしっかりしていれば、特別な健康管理は必要ありません。

イ．脊髄損傷（対マヒ）

(ア) 損傷によって症状は様々

「脊髄損傷」とひと口にいっても、損傷を受けた部位や程度によって、症状はかなり異なります。脊髄は「頚髄」、「胸髄」、「腰髄」などに分けられま

すが、一般に受傷した部位が上になるほど重症です。というのは、受傷した脊髄から下の部分は神経が働かなくなり、運動マヒ・知覚マヒのために機能が失われてしまうことが多いからです。

「頚髄損傷」では、下肢はもちろん、上肢の機能も著しく弱ってしまいます。また、呼吸障害を起こしやすいので、注意が必要です。

「胸髄損傷」では、体幹と下肢に、「腰髄損傷」では下肢に障害が現れますが、上肢は十分に使うことができます。症状は、運動マヒ・知覚マヒのほかに、排尿・排便の障害や、起立性低血圧、体温調節障害など様々です。

なお、脊髄膜炎や腫瘍など病気が原因の脊髄障害も症状が似ているため、広い意味では脊髄損傷の一部と考えられます。

(イ) 訓練で日常生活、労働も可能

受傷直後の急性期(約2週間)には、損傷部の安静を保つことを第一に治療を行い、全身管理に努めます。また、肺炎や褥瘡(床ずれのこと)、尿路感染などの合併症を起こさないようにすることが重要です。

急性期を脱したら、できるだけ早期に、排尿訓練や運動などリハビリテーションを開始します。ベッド上の寝返りから、座位訓練、立位訓練、さらに歩行訓練へと進み、普通3〜4カ月で日常生活が送れるようになります。

このような医療、機能回復訓練を受けてきた脊髄損傷者なら、損傷箇所が頚髄に近いごく重症の人はともかく、多くは車イスや自動車の運転により、日常生活はもちろん、通学や職場で働くことは十分可能です。

(ウ) 健康管理

脊髄損傷者の場合、一定時間以上、局所に圧迫が加わって血行が妨げられることにより、皮膚組織が壊死を起こすことがあります。これを褥瘡といいます。

同じ箇所に持続的に圧力が加わらないように、姿勢をできるだけ頻繁に変えるなどして予防することが必要です。

その他、排尿・排便障害、起立性低血圧、体温調節障害などについて十分な自己管理と若干の周囲の配慮が必要です。

ウ．脳性マヒ

　現在、脳性マヒが子供の肢体不自由の最大の原因となっています。「脳」という字がつくと、知能に障害があると考えられがちです。しかし、脳性マヒの場合、侵されているのは運動神経の中枢で、知能の中枢とは別のところです。人間は外見で判断しがちなため、歩き方、しゃべり方が変わっていて、手もうまく利かないという人を見ると、もうそれだけで何もできない人と思い込んでしまいがちです。周囲の人々のそのような態度が、積極性もあり、知的能力もすぐれている脳性マヒの人々の就業に対する壁となっています。

　脳性マヒは、痙直型とアテトイド型に分かれます。痙直型は、脳性マヒのうち約7割で、片マヒと両マヒがあります。アテトイド型（不随意運動型）は約3割で、この型の人は、普通、症状が全身にわたっています。そして、一つのことをやろうと緊張すると、関係のない部位まで動いてしまいます。

エ．ポリオ（脊髄性小児マヒ）

　ポリオは、ウイルスが中枢神経（主に脊髄）を侵して起こるものです。昭和35〜36年ごろまでは、毎年夏に大流行がありました。しかし、その後は、生ワクチンの導入によってかかる人が大幅に減り、先進国ではほとんど絶滅しました。

　ポリオは、かかった当初は高熱がでて、主に脊髄を侵され、侵された部分はマヒして動かなくなります。しかし、状態が固定した後は、それ以上悪くなることはありません。筋力の低下した部分を残っている部分で補えるので、かなりのことができます。また、感覚は残っているので褥瘡の心配はありません。

　ポリオの人は、その人の状態を考慮した無理のない教育分野、就労分野であれば、健康管理上の問題はありません。ポリオは動かない筋肉が萎縮するため、体に変形が起こり、外見上はかなり重症に見えますが、筋肉が侵されるだけで他に悪いところはないのですから、外見だけで判断しないことです。

オ．筋ジストロフィー

　筋ジストロフィー（筋萎縮症）と聞くと、若い時に死んでしまう怖い病気と考えられます。しかし、筋ジストロフィーにもいろいろな種類があります。25〜26歳で死亡してしまうのは、進行性筋ジストロフィー症のうちデュシェンヌ型（小児型）だけです。他の型ではそのようなことはありません。

　病気の性質上、力仕事は無理です。しかし、適度な運動をしたほうが病気の進行を防ぐうえで好ましいので、歩ける人の場合、座りっぱなしの仕事よりは適当に立ったり座ったり、短い距離を歩いたりする仕事（大部分の事務職はこのような仕事といえます）のほうがよいのです。

カ．切断

　肢体の切断とひと口にいっても、いろんなケースがあります。下肢切断の場合は、最近、大変よい義足ができているので、両下肢を大腿部で切断したような重いケースでも、歩き方がちょっとぎこちない、というくらいで、日常生活にはほとんど支障がありません。上肢の場合は、人間の複雑な手の動きが再現できるような義手はまだできていません。しかし、片手の切断であれば、残った手を利き手にして義手を補助的につかい、たいがいのことはできます。両上肢切断の場合でも、義手や手の残った部分に鉛筆やペンをはさんで字が書ける人がいます。切断の場合、能力と日常生活や仕事がマッチすれば、健康管理上何も問題はありません。

④ 肢体不自由者の職場配置に当たっての留意点 ▶▶▶▶▶▶▶▶▶▶▶▶▶▶▶

ア．残存能力を生かす

　就業を希望する肢体不自由者は、厳しいリハビリテーションを経てきている人が多く、一見した以上に身体上の作業能力が高い人が少なくありません。したがって、残存能力に合わせた職場配置をすることにより、健常者に伍して十分仕事ができます。

　この場合、本人に困難な作業（例えば、車イスなどの下肢障害者では、立ち

作業や物品の移動などの付随作業に制約が多い）については、あらかじめ、共同作業者との連係動作や協力体制に配慮することにより、職場の生産性を高めることが考えられます。もちろん、この場合、単に同情とか庇護の意識からではなく、対等の立場に立った仕事の分担関係として考えることが大切です。

イ．施設・設備、機械等の改善

　肢体不自由者を職場に配置する場合、工場などの施設、設備を大幅に改造しなければならないのではないかと考えて、しりごみする事業主も見られます。もとより、障害者の能力が生かせるように職場を適切に改善することは、大変望ましいことです。しかし、そのためには、必ずしも大規模な改造や多額の資金を必要とするとは限りません。ちょっとした工夫で十分効果をあげられる場合も少なくないのです。

　また、最近では、すぐれた自助具、補助具がいろいろでています。それらを活用することにより、障害者の能力を生かすことが可能になってきています。

　これらについては、現在、各種の手厚い助成援助制度が設けられています。

ウ．下肢障害者への配慮は

　また、下肢に障害がある場合、職場内での段差解消（エレベーターやスロープの活用など）、通路の整頓、作業座席の配置、トイレの改造などの環境を整備したり、通勤に関連して駐車場の確保や時差出勤、在宅勤務などを導入することなどが考えられます。

エ．健康管理面での配慮は

　肢体に障害があるということは、必ずしもその人が病弱であるということではありません。たとえ車イスに乗っていても、健常者以上にすぐれたスポーツマンとして活躍している人もいます。とはいうものの、一般的には、やはり障害の原因となった疾病などによっては、健康管理上の配慮が望まれます。職場配置に当たっても、本人の健康上の問題点に配慮したうえで、適切な部署に配

置する必要があります。

ただこの場合、あまり神経質になるのも考えものです。要は、本人が健康上の自己管理を十分にできるような条件を整えておくことです。

5 肢体不自由者についての合理的配慮指針に基づく配慮事例 ▶▶▶▶▶▶▶

ア．募集・採用時の配慮事例

以下に記載する各障害についての合理的配慮指針に基づく配慮事例は、全国の都道府県労働局・ハローワークを通じて、現在、事業主が取り組んでいる事例を厚生労働省が収集したものです。

(1) **面接の際にできるだけ移動が少なくてすむようにすること。**

　肢体不自由には、上肢（腕や手指、肘関節など）の障害、下肢（股関節、膝関節など）の障害、体幹障害（座位、立位などの姿勢の保持が難しいこと）、脳病変による運動機能障害（脳性まひ）等があります。特に下肢に障害がある場合は、面接時の移動距離をできるだけ少なくする、車いす等の利用がしやすいような場所で面接を行う等の配慮を提供している事例があります。
　○入り口から近い場所を面接場所にすることで、面接場所への移動の負担を軽減した。
　○通常は2階で行う面接を1階で実施する、面接会場の机等の配置により車いすでの移動スペースを確保するなどにより移動の負担を軽減した。
　○すべての試験が1つの会場で完結するように配慮した。
　○車での移動を希望する場合に駐車場を確保した。

(2) **その他の配慮。**

　肢体不自由の方に対する募集及び採用時のその他の配慮としては、以下の事例があります。
　○ハローワークの職員、障害者就業・生活支援センターの職員、特別支援学校の教諭、家族、介助者等の同席を認めた。
　○施設長と看護師資格を持つ社員に面接に同席してもらい、突発的な事故等に対応できる体制をとった。
　○ラッシュ時を避けた面接時間を設定した。

イ．採用後の配慮事例

(1) **業務指導や相談に関し、担当者を定めること。**

　障害種別にかかわらず、障害者が円滑に職務を遂行するために、業務指導や相談に関し担当者を定めることが望まれます。担当者を定めることにより、障害者が働く上で支障となっている事情を互いに認識し、その支障となっている事情の解決のためにどのような配慮が適切かといった相談に対応することができます。会社内の様々な立場の人が担当者として選任されており、業務指導や相談、定期的な体調・勤務状況の把握を行っている事例があります。

○担当者の例
- 社長、施設長、常務等の組織の管理者
- 総務部等の人事担当者
- 就業場所の責任者
- 本人の上司
- 本人の同僚
- 本人と同年代、同性の者
- 本人と同じ障害のある先輩社員
- 定年退職後の再雇用社員
- 衛生管理経験者
- 社内のジョブコーチ資格保有者
- 障害者職業生活相談員
- 新人担当のチューター（障害特性について指導した上で）

（※）本人が職場に直接相談しにくい場合に、障害者就業・生活支援センターの職員が対応した例があった。

○担当のあり方の例
- 業務によって担当者を分けている。
- 業務指導の担当者（現場の上司等）と相談対応を行う者（人事担当者等）を分けている。
- 人事部長等の連絡調整のもと、担当者が業務指導を担当する。
- 採用直後は障害者職業生活相談員が業務指導を行い、環境への適応度、作業習熟度に応じて、徐々に同作業に従事する担当者へ引き継いでいく。

・本人の負担の少ない作業となるよう、担当者が調整を行う。
　○指導・相談の仕方の例
　　・本人のプライバシーに配慮し、個別のスペースを設けて実施している。
　　・直接相談しにくい内容も相談できるよう、相談用紙と投函する箱を設置している。
　　・障害者職業生活相談員が1日1回は本人と関わる時間を持ったり、業務日誌を確認すること等により本人の変化を確認している。
　　・配属部署の上司（看護師）が体調の相談を受けている。
　○職場介助者や介護者を配置している。
　○ピアサポート体制（著者注：同じ障害種類の人同士が助け合う体制）をとり、障害者同士が互いに協力し合う環境を作っている。

(2) **移動の支障となるものを通路に置かない、机の配置や打合せ場所を工夫する等により職場内での移動の負担を軽減すること。**

　　車いすを使用している方にとっては、事業所の通路の両脇に配置している棚や部屋の隅に置いてあるゴミ箱等が、移動の支障となる場合があります。このような支障をなくすために、物の配置や場所の使い方を工夫したり、障害者を部屋の入り口近くの移動しやすい席に配置する等の配慮が行われている事例があります。

(3) **机の高さを調節すること等作業を可能にする工夫を行うこと。**

　　肢体不自由の方は、多くの場合、手の届く範囲が限定されている、作業姿勢の調節が難しい等の支障があります。このような事情を踏まえ、障害以外の部位の活用、治具や補装具の利用、作業台の高さ調整等により作業を可能とする工夫をしたり、作業分担や作業編成の変更、工程の改善、ペア作業（相互の能力を配慮してペアを組ませる）などの配慮が行われている事例があります。

(4) **スロープ、手すり等を設置すること。**

　　下肢障害の方には、スロープ、手すりを設置したり、ドアを引き戸や自動ドアにしたりするなどの配慮や、車いすの方の目線を考慮し、カード認証機や掲示板をその目線に合わせて設置する等の事例があります。

(5) **体温調節しやすい服装の着用を認めること。**

　　障害原因によっては、痛覚・温度覚の障害（やけどをしても気づかないなど）、体温調節機能の低下（室温調整が必要）等が見られることがあります。また、

障害の部位によっては着替えが困難である場合も考えられますので、障害特性に応じて制服を工夫する等の配慮の事例があります。
(6) **出退勤時刻・休憩・休暇に関し、通院・体調に配慮すること。**
　　個々の障害者の障害特性によっては、通常の時間に出勤することが困難であったり、体調に波があることや通院・服薬を要することがありますが、その場合は個々の障害者の状況に合わせて適切な配慮を行うことが必要です。例えば、肢体不自由の方については、出退勤に係る負担を考慮して出勤時間をずらす、自家用車による通勤を認める、作業場の近くに休憩室を設置する等の事例があります。
(7) **本人のプライバシーに配慮した上で、他の労働者に対し、障害の内容や必要な配慮等を説明すること。**
　　障害者がその能力を発揮し円滑に職務を遂行するためには、本人のプライバシーに配慮した上で、障害者の障害特性や、その方が働くに当たってどのような支障を感じているか、どのような配慮が必要かといったことについて周囲の理解を得ることが望まれます。合理的配慮の提供は、法律上は事業主に課せられた義務ですが、周囲の人々も、各自でできる配慮をしていくことが望まれます。
(8) **その他の配慮**
　　肢体不自由の方の非常時の避難方法等について、あらかじめ本人と職員とで話合い、誘導者などを定めている例があります。

3　視覚障害―全盲、弱視、視野狭窄―

1　視覚障害の種類、特性等 ▶▶▶▶▶▶▶▶▶▶▶▶▶▶▶▶▶▶▶▶▶▶▶▶▶▶

　視覚障害には、大きく分けて、全盲、弱視、視野狭窄（見える範囲が限定されているもの）などがあります。

ア．視覚障害の原因

　視覚障害者の発生は社会的な環境によって左右されますし、その障害者の年代によっても異なります。幼年者では、先天性の原因によるものの割合が高く、

年齢が高まるにつれて、疾病や事故・災害による外傷に起因するものが加わっていきます。さらに高齢になると、成人病、老人性の疾患が増えてきます。

イ．生活上の支障
(ア)　学習・就労能力

　視覚障害者の学習・就業などの能力は、視力の程度、失明の時期、教育訓練歴、視力が現状のまま維持できるのか、しだいに落ちていくのかなどによって異なってきます。

　学習あるいは就業そのものに関していえば、普通文字が読めるかどうかがひとつのポイントになります。普通文字というのは、新聞、本などに印刷されている文字のことです。読めない場合には、生活、教育、就業上の指示・連絡や情報伝達のうえでの配慮（代読する、録音テープを使用させるなど）が必要です。普通文字が読める場合でも、本人の視力の程度に応じて、適切な拡大読書器や弱視眼鏡などの補助具が必要です。また、点字が読めるかどうかでも異なります。

　視覚障害者を単に目の見えない人としてひとくくりにしてしまうのではなく、本人の個性や特性を見きわめることが大切です。

(イ)　通学・通勤

　視覚障害者の通学・通勤について一般に最も懸念する点の一つは、「一人で通学・通勤できるか」、「危険ではないか」という点です。しかし、視覚障害者の多くは、リハビリテーションや盲学校教育で歩行についての訓練を受けてきているので、それほど心配はいりません。

　視覚障害者の歩行には、ふつう白杖（盲人安全杖）が使われます。白杖は、一歩先の路面の状態や障害物などに関する情報を得るとともに、前方の障害物から身を守り、塀や縁石、階段の昇降を確認するなどの機能を持っています。近年、盲導犬の利用者も増え、超音波眼鏡も開発されていますが、まだ一般的ではありません。

　通学・通勤ルートのように毎日歩く場所については、はじめに的確に訓練

ができていればほとんど不自由なく歩くことができます。しかし、プラットホームでの移動は、基本的かつ十分な訓練が事故の防止に不可欠です。

ウ．視覚障害者についての周囲の対応の仕方は
(ア) 周囲の者の配慮事項
①小さな心づかい

視覚障害者にとって、家屋、建物内の設備改善は、ほとんど不要です。いったん覚えてしまえば、建物内の移動は全く問題ありません。

点字ブロックや音響信号機は、不特定の視覚障害者が利用するような公共施設、道路では必要です。しかし、学校や職場内などでは、当初に教えておけば問題はありませんので、設ける必要はありません。

それよりも、むしろ、廊下に物を放置しないこと、きちんと開いている（または閉じている）はずのドアを半開きにしておかないこと、道具や部品をいつも所定の場所に整理しておくことなど、ちょっとした周囲の心づかいのほうが大切です。

②文書の読み書き

文書の「読み」で、最も簡単な方法は、同僚またはアシスタントが本人に代わって読み上げることです。しかし、このためには、本人と援助者の空き時間が一致しなければなりません。

点字は、幼児期からの失明者は習得しています。しかし、大人になってから失明した人は習得していないケースがほとんどです。このような場合には、拡大読書器や読上げソフトを備えたパソコン、点字ディスプレイなどの支援機器の利用が必要になります。

③職場や生活での配慮

視覚障害者とはじめて接する場合、あるいは、中途障害者となった人を再び家庭、職場等で受け入れる場合、周囲の者としては、生活全般、例えば、昼食やトイレ、そうじ、お茶くみ、電話などについて、本人が単独でどの程度できるのか、どこまで援助すればよいのか、といった点にとまどいを感じ

ることも多いと思われます。

　しかし、実際には、多くの視覚障害者は生活訓練を受けていますので、最初にちょっとした配慮があれば十分に対応できます。

(イ)　視覚障害者に接するときの留意点

　最後に、日常生活のなかで視覚障害者に接する場合の具体的な援助の方法について紹介します。

①視覚障害者にはじめて会ったときには、見える人から軽く握手する。握手されることによって、相手の背の高さや、どこにいるかがわかる。

②視覚障害者にお茶などをすすめるときには、「6時のところに置きます」といって、お茶の位置を時計方向で教える。

③視覚障害者と話し合っているときに、席を外す場合は、ひと声かけて席を外す。

④視覚障害者と食事をするときは、時計の文字盤によって皿の位置を教え、それぞれの皿に何が盛られているのかも合わせて話すとよい。

⑤電気をつけたり、電話をかけたりすることなどは、ほとんど一人でできるので、いきすぎた援助は遠慮すべきである。

⑥お金を渡すときは、机の上などに置かないで、確かめられるようにゆっくりと手渡しする。

⑦道などを尋ねられた場合は、視覚的な情報で教えないで、はっきりと「2つ目の交差点を右に曲がって、10mぐらいのところに魚屋さんがあり、そのとなりが○○さんの家です」などと具体的に言うこと。「5階建てのビルを右に曲がって、赤い屋根のところです」と視覚的に教えられても理解できない。

(ウ)　基本的な手引きの姿勢

　視覚障害者が歩行する際に、同僚などが手引きする方法を知っていると、視覚障害者への援助がスムーズにできます。

　この場合、手引きをする晴眼者（眼の見える人）が、まず視覚障害者の手首に接触すると、視覚障害者は晴眼者のひじより少し上を握るように訓練さ

れています。そのときは、晴眼者は視覚障害者の半歩前に位置していますから、晴眼者は2人分の幅を確認して歩けばよいわけです。さらに、晴眼者は前方だけに注意し、視覚障害者のほうを向くことがないようにしなければなりません。

2 視覚障害者についての合理的配慮指針に基づく配慮事例 ▶▶▶▶▶▶▶▶▶▶

ア．募集・採用時の配慮事例

(1) 募集内容について、音声等で提供すること。

視覚障害者の方の障害の状態または程度は様々であり、例えば、全盲、弱視、視野狭窄（見える範囲が限定されている）等があります。全盲の方の場合は、紙に記載された募集内容を読むことができないため、事業主あるいは第三者が募集内容を読み上げたり、口頭で労働条件を説明したりする等の配慮が提供されている事例があります。また、各企業のホームページに記載されている募集内容について、音声案内を実施する、音声読み上げソフトに対応する形で掲載する等の工夫も考えられます。

(2) 採用試験について、点字や音声等による実施や、試験時間の延長を行うこと。

視覚障害者の方の中には、視力を全く失った方から、矯正した両眼の視力の和が0.05以上0.1未満の弱視の方まで様々な方がいます。全盲の方については、点字を活用した採用試験の実施等の配慮が提供されている事例があります。また、弱視の方については、拡大読書器やルーペ等の補助具により独力で文字の読み書きができますので、採用試験についてこれらの器具の使用を認める等の配慮が提供されている事例があります。併せて、点字や補助具を使用した読み書きは、障害者でない方の読み書きよりも時間がかかる場合が多いので、その分の試験時間を延長する等の配慮も提供されている事例があります。

イ．採用後の配慮事例

(1) 業務指導や相談に関し、担当者を定めること。

障害種別にかかわらず、障害者が円滑に職務を遂行するために、業務指導や

相談に関し担当者を定めることが望まれます。担当者を定めることにより、障害者が働く上で支障となっている事情を互いに認識し、その支障となっている事情の解決のためにはどのような配慮が適切かといった相談に対応することができます。会社内の様々な立場の人が担当者として選任されており、業務指導や相談対応、定期的なアンケートや面談を実施している事例があります。

(2) **拡大文字、音声ソフト等の活用により業務が遂行できるようにすること。**

　弱視の方の場合、輪郭がぼやけて形を識別しづらい、コントラストの差が小さい（色が似ている）物の識別がしづらい等の支障があります。また、視野狭窄の方の場合、ページのレイアウトを把握しづらい等の支障があります。これらの支障を改善するためには、視覚障害者のための各種支援機器を導入すること等の事例がありますが、機器を導入しなくても、PCの基本機能を上手く活用している事例もあります。

(3) **出退勤時刻・休憩・休暇に関し、通院・体調に配慮すること。**

　個々の障害者の障害特性によっては、通常の時間に出勤することが困難であったり、体調に波があることや通院・服薬を要することがありますが、その場合は個々の障害者の状況に合わせて適切な配慮を行うことが必要です。視覚障害者の方については、例えば、混雑時の危険や外の明暗による影響を避けて出勤時間をずらしたり、風雨や降雪の際に事故を起こさないよう出退勤時間に幅を持たせるなどの配慮が提供されている事例があります。

(4) **職場内の机等の配置・危険箇所を事前に確認すること。**

　特に、初めての場所に訪れる場合、視覚障害者の方が安心して歩けるよう案内し、通路や室内の配置を確認することが望まれます。社内の環境に慣れるまでの間、歩行訓練を実施する、付き添いの社員をつける等の配慮が提供されている事例があります。

(5) **移動の支障となるものを通路に置かない、机の配置や打合せ場所を工夫する等により職場内での移動の負担を軽減すること。**

　視覚障害者の方の社内の移動の負担を軽減するため、本人の机の配置場所を工夫する等の配慮が提供されている事例があります。視覚障害者の方の進行方向に予期しないものが置いてあると危険であり、本人のストレスにもなります。また、これらの配慮については、事業主や人事担当者だけでなく、周囲の人々も率先して会社全体で行うことが望まれます。多くの企業で、通路や視覚障

者の方の動線に物を置かない、備品の設置場所を固定するといったことをルール化する等の配慮を提供している事例があります。

(6) **本人のプライバシーに配慮した上で、他の労働者に対し、障害の内容や必要な配慮等を説明すること。**

　障害者がその能力を発揮し円滑に職務を遂行するためには、本人のプライバシーに配慮した上で、障害者の障害特性や、その方が働くに当たってどのような支障を感じているか、どのような配慮が必要かといったことについて周囲の理解を得ることが望まれます。合理的配慮の提供は、法律上は事業主に課せられた義務ですが、周囲の人々も、各自でできる配慮をしていくことが望まれます。視覚障害者の方に、十分に能力を発揮して働いてもらうために、事業所全体で業務上の配慮や工夫、コミュニケーションの向上について、社員への周知等を行っている事例があります。

4　聴覚・言語障害─聴覚障害、平衡機能障害、音声・言語・そしゃく機能障害─

1　聴覚・言語障害の障害種類、特性等 ▶▶▶▶▶▶▶▶▶▶▶▶▶▶▶▶▶▶▶▶▶

ア．障害の種類と原因

　障害者雇用促進法で「聴覚・言語障害」という場合には、聴覚障害、平衡機能障害、音声・言語・そしゃく機能障害（食物をかみ、食べる機能の障害）を含んでいます。しかし、これらのうち聴覚あるいは音声言語のいずれかの、または双方の機能に障害のある者が全体の99％と圧倒的に多く、平衡機能などの障害者は1％にすぎません。

(ア)　聴覚障害

　聴覚障害とは、聴力が全くないか、それに近い聴力しかない、話し言葉の聞き取りに支障のある場合をいいます。

(イ)　言語障害

　言語障害とは、声を全くだせないか、だせても言葉がないか、または音声や言語の機能に異常や障害があるため、音声や言語を使って意思を通じ合う

ことが困難な場合をいいます。

　その原因は、およそ次のとおりです。

①聴力障害などのように、聴覚器官や聴覚能力に異常や障害がある場合

②知的障害などのように、知能や言語の発達に異常や障害がある場合

③失語症のように、言語中枢をはじめ中枢神経系に障害がある場合

④脳性マヒ、口蓋裂そして吃音などのように、機能的構音障害があったり、言語運動機能を支配する末梢神経の機能や言語運動器官（舌、口蓋、口腔、鼻腔、口唇、あご、声帯など）に異常や障害がある場合

㈦　平衡機能障害

　平衡機能障害とは、四肢体幹に器質的な異常がなく、内耳の前庭器官に関係する平衡機能に障害があり、閉眼で起立位を保つことができなかったり、または開眼で直線を歩行中、10m以内で転倒したり、よろめいて歩行を中断せざるを得ない場合をいいます。

イ．聴覚・言語障害者の多様さ

　聴覚・言語障害者は、ともすると「全く耳が聞こえない人」または「全く音声を発したり、言語を話すことのできない人」と思い込まれ、周囲の者の必要な配慮はというと「手話を覚えること」と即断されがちです。たしかに、聞こえや言語発生に障害があり、コミュニケーション上の配慮は必要です。しかし、ひと口に聴覚・言語障害者といっても、

　　○聴力欠損や言語・発声の障害の程度はどうか

　　○聴力や言語・発声の欠損時期はいつか

　　○手話、読話、口語、指文字などをどの程度身につけているか

　　○学校教育などの履修歴はどうか

などにより、効果的なコミュニケーションの手段、学力、職業能力などは十人十色です。個々の障害者の日常生活、教育、就労に際しては、あらかじめ各人に関する上述の点を詳細に把握し、それぞれに見合った対応をすることが必要です。

聴覚・言語障害者といっても、全く聞こえない人は一般に考えられているよりも少なく、多くの人は何らかの形で若干の聞こえが残っています。また、人によって聞こえる音の高さは違います。さらに、聴覚・言語障害者は、単に人の話が音として聞こえない、あるいは自分が音を発することができないという障害とともに、その人が聴力を失った年齢により、"どの程度言語を持っているか（どの程度、音声言語の体系を身につけているか）"が異なってきます。

　先天性または2〜3歳の幼児期から耳が聞こえなくなった障害者の場合、健聴者（聴覚・言語機能に障害のない人）が自然に身につける"音声言語の体系"を身につけることができないことが多く、たとえ情報が十分伝えられたとしても、それを受容し、処理することができません。また、このことは基礎学力の不足にもつながってきます。

　これに反して、例えば、就労中の事故で受障した人のような中途失聴者の場合は、聴覚を失うまでの間は社会生活において言語あるいは聴覚をもとにしてコミュニケーションを図ってきたわけですから、"音声言語の体系"を身につけており、持っている言語の数も健聴者と同じです。

ウ．二次的障害

　聴覚・言語障害者には、「耳が聞こえない」あるいは「発声・発語ができない」ことが原因で、いろいろな二次的な障害がでてくることがあります。日常生活、教育、企業における人事労務管理の面で、しばしば問題とされるのは、この二次的障害によってひき起こされる面が多いようです。

　例えば、聴覚・言語障害者は、知っている言葉の数が健聴者に比べて少ないということがあります。耳が不自由なために、ろう学校その他で身につける言語に限りがあるからです。このため、コミュニケーション、教育訓練の際に配慮が必要です。

　また、幼いときから周囲の者に「わかったか」、「わかったか」と念を押され続けているので、理解していないのに、すぐに「わかった」という傾向があります。ところが実際にやらせてみると、十分理解できていないということにな

ります。このため、指導、教育の際には、口答確認でなく、実際にやらせてみて習得度を確認することが不可欠です。

　聴覚・言語障害者のなかには、情報量の不足、家庭での過保護から、社会生活の基本ルールが身についていない人も見られます。これは、社会全体に慣れていないための未熟さから起こるものともいえます。社会に適応し、1人の社会人、職業人として成長してゆくには、施設、学校、職場などの受け入れ側が、このような点をよく理解して、必要な対応、コミュニケーションが円滑に行われるような体制づくりをすることが必要です。

　必要な対応とコミュニケーションの方法さえ確立していれば、健聴者との間の"見えない壁"はなくなり、聴覚・言語障害者は、十分にその能力を発揮できるものです。

エ．コミュニケーション手段と利用法

　聴覚・言語障害者が用いるコミュニケーションの手段としては、主に次のものがあります。

①**筆談**
　　紙、黒板などに文字を書くことにより伝達する方法で、重要な事柄、正確に伝えたい事項について用いられます。

②**読話と発語（口語）**
　　読話は、話す人の口の形で、その人が何を言っているのかを聴覚・言語障害者が読みとるものです。また、発語（口語）は、逆に聴覚・言語障害者側の発声により健聴者に伝達する方法です。
　　特別支援学校（従来のろう学校）においては、手話でなく、主に読話と発語（口語）が教えられています。

③**手話**
　　手話は、手の表現により「語彙」を伝達する方法です。手話は、簡便、迅速ということから、聴覚・言語障害者のコミュニケーションの手段のなかで大きなウエイトを占め、障害者が最もリラックスできる手段です。

ただし、手話は「語彙」が少なく、文法的に不明瞭な点があります。また、障害者の多くは、手話を学校教育のなかではなく集団のなかで自然発生的に身につけることもあって、同一事項についての表現方法が、出身地域などによって異なっています。さらに、新しい用語、技術・専門用語については、表現方法が定まっていないものがあります。このため、これらの用語については、筆談を用いることになります。

④ **指文字**

指文字は、指の形で「あ、い、う、え、お」などを一文字ずつ表現する方法で、手話の補助手段として使われます。

⑤ **メール**

最近は、社内メール、個人の携帯メールなどが多く用いられています。

このように聴覚・言語障害者の場合、「手話」万能ではなく、コミュニケーションの方法は人により、目的により様々です。

文字、言語を習得する以前から聴覚・言語に障害のある人の場合は、日常会話は「読話」、「手話」、「身ぶり」によって受け取り、自分からは「口語」に「手話」、「身ぶり」を加えて伝達します。また、重要なことは「筆談」で伝えあうことが多いようです。

文字、言語を習得した後で受障した中途失聴者の場合は「手話」は知りません。唇の形を読みとるといっても、それだけの勘が働かないので読話はできず、「筆談」を用いることになります。

要は、それぞれの聴覚・言語障害者に合った適切なコミュニケーションの方法を見きわめることが大切です。職場で、上司や同僚が聴覚・言語障害者とコミュニケーションをとる場合の留意点をまとめると、図表8のとおりです。

図表8　聴覚・言語障害者とのコミュニケーション方法

1　筆談
作業指示や安全衛生教育など、正確さが要求される事項は、筆談が最もよい方

法です。しかし、障害者の言語理解力は様々なので、そのレベルに合わせて表現方法を工夫する必要があります。
〈留意点〉
　①表現は簡潔に、一つの文章を５語分程度にまとめ、区切りをつけるとよい。
　②丁寧な表現や二重否定は避けたほうがよい。
　③常用漢字とひらがなを使い、カタカナ、欧文等は避けたほうがよい。
　④難しい言葉は、なるべくかみくだいた表現にする。

2　読話・発語

筆談は多くの労力と時間を必要とするので、簡単な日常会話や急ぎの会話には不向きだといえます。

聴覚・言語障害者は、「読話」と「発語」のできる者が多く、簡単な日常会話などは、この「読話」・「発語」によるコミュニケーションが使われています。ただし、「読話」は、相手がたぶんこう話しているであろうという"推量"のコミュニケーション方法です。このため、複雑な話や重要な指示事項などには不向きです。

〈留意点〉
　①遠すぎても近すぎても読話は困難。お互いに対面して150cmぐらい離れたほうがよい。
　②照明は、障害者の後方から、話し手の顔を照らすようにするのがよい。
　③話し手は、ハッキリと自然に話すほうがよい。口をしかめたり、どなったり、声をださないで口だけを動かしたり、急に話すスピードを変えたりしない。
　④早口や二重否定は避ける。
　⑤聴覚・言語障害者が理解できないようであれば、他のコミュニケーションの方法に切りかえたほうがよい。
　⑥手元にいつも紙と鉛筆を用意しておいて、いつでも筆談ができるようにしておくほうがよい。

3　手話

手話を用いることで障害者に親近感を与えることができますし、彼らを理解する早道であるともいえましょう。職場では、できるかぎり多くの人が、少しでも手話を使えるようになることが望ましいといえます。

② 聴覚・言語障害者の就業上の配慮ポイント等▶▶▶▶▶▶▶▶▶▶▶▶▶▶

ア．就業上の配慮ポイント等

　聴覚・言語障害者の職域としては、音楽家のように音に依存しなければならない一部の職種を除けば原則的にできない仕事はありません。しかし、そうはいっても、コミュニケーションの困難さなどからある程度制約があることは否定できません。実際には、管理業務、営業、販売などの対人業務以外の分野に多くが就業しています。

　人事労務管理面で配慮が必要な点は次のとおりです。

①先天性あるいは幼児期からの聴覚・言語障害者の場合には、二次的障害として、音声言語の体系を十分に身につけていない人もいる。そのための文章表現力や基礎学力が低い人もいるので、事前に、それらの水準を確認してから職場の配置先、担当業務を決めること。

②企業内教育訓練、安全衛生教育の際には、事前にレジメを配布する、黒板を多用する、視覚教材を用いる、となりに補助者をつけて筆談・手話などで講師の話の補足説明をする、文章表現や講師の話の内容はわかりやすいものにするなどの配慮をすること。

③日常的に、管理監督者、上司、同僚との間のコミュニケーション、意思の疎通に十分配慮すること。

④職場における緊急時の伝達方法、避難誘導方法とそれらの担当者をあらかじめ決めておき、健聴者と聴覚・言語障害者の双方に周知徹底させておくこと。

　最近、補聴器や教育訓練方法の進歩、聴覚・言語障害者の学校教育の履修状況の変化、就業する企業の規模の拡大など、聴覚・言語障害者をとりまく状況に大きな変化が見られます。

　前述したように、聴覚・言語障害者は、聴力・言語障害の生じた年齢、障害の程度、さらには受けた教育の違いによって、言葉を聞きとる力、話す明瞭さ、言語使用能力に大きな違いが見られます。しかし、最近の補聴器の改良や教育方法の進歩によって、聴力損失（障害）の程度と後天的な言語能力の程度が必

ずしも直結しないという傾向が現れてきました。

　聴力損失が相当重度であっても、健聴者と一緒に小学校・中学校・高校で学んだり、大学・大学院に進む例も少なくない状況となっています。

　聴覚・言語障害者が従事している職種をみると、大企業においても生産現場の加工、組立てなどに従事する作業者、技能者がほとんどで、従来の雇用経験から評価の定まった分野に限定される傾向が見られます。就業分野の拡大、管理監督者への登用が今後の課題です。

イ．良好な人間関係の確立

　聴覚・言語障害者が就職先の職場で周囲の人達と良好なコミュニケーション関係を築くためには、障害者と周囲の者の双方が次の点について十分理解を深めることが必要です。

㋐　コミュニケーションに対するニーズの違い

　　職場の管理監督者が聴覚・言語障害者とのコミュニケーションを問題にする場合、「仕事をきちんとしてもらわなくては困るから、作業の手順を正確に教えたい。そのために手話通訳が必要である」などと考えがちです。

　　ところが、聴覚・言語障害者が周囲の人に求めているのは、「手話通訳を介さないで、直接、自分達の気持ちを上司や係の人に伝えたい」、「手話はできなくとも、周囲の人達が、日頃、身ぶり手ぶりで何くれとなく話しかけてほしい」、「仲間同士で交わされる何げない話を聞かせてほしい」という点にあるのです。

　　手話通訳のできる人が配置されていることは大切です。しかし、会社側が伝えたいことだけを手話で一方的に伝えるというのでは、彼らの希望は満たされません。

　　職場におけるコミュニケーションの問題のポイントは、手話のできる人がいる・いないだけでなく、周囲の人達が手話らしきもの、身ぶり手ぶりを使って「あなたの話を無視していません。あなたの言うことに関心を持っています。そして、私は手話は下手ですが、自分の考えについて、あなただけを

特別扱いせず、わかってもらえるように努力して表現します」といった気持ちを持ち、態度であらわすことなのです。

(イ) 障害者を特別扱いしないことが原則

聴覚・言語障害者は、特別扱いに大変敏感です。このため、"健聴者と差別しない、すべて平等に扱う"という基本的な方針をハッキリと打ち出しておくことが必要です。特に、給与、労働条件、処遇については、事前に十分説明し、納得させておくことが必要です。

(ウ) 分散配置でコミュニケーションの拡大を

聴覚・言語障害者は、健聴者とのコミュニケーションがうまくいかない、また、それゆえに職場の人間関係がうまくつくれないことなどから、どうしても比較的スムーズに意思疎通のできる聴覚・言語障害者同士で固まってしまう傾向があります。

こうした傾向を放置しておくと、地域の聴覚・言語障害者の集いがあると残業を嫌ったり、極端な場合は、互いに偏った情報を持ち寄って簡単に離転職を繰り返したりします。聴覚・言語障害者はできる限り分散配置し、健聴者と接触する機会を増やし、コミュニケーションのパイプを太くすることが必要です。

なお、分散配置をする場合は、ある程度年齢の離れた同僚や先輩、上司のとなりに聴覚・言語障害者を配置するほうが、人間関係を形成するうえでプラスの効果があるようです。

(エ) 聴覚・言語障害者は「音」に関するエチケットを教えられていない

日本の社会では、マナー、エチケットの面で「音」に関することが実に多く含まれています。聴覚障害者の日常生活には、そのような「音」に関するルールがありません。本人自身、音が聞こえないこともあるし、また、誰もそういう点をチェックしてこなかったわけです。このため、はじめて聴覚・言語障害者が職業生活を行う際に、健聴者から見ると、驚くことがあるかもしれません。しかし、指導され、訓練を受けたけれども、身につかなかったというのではありません。劣っているとか、しつけが身についていないとい

う見方をしないで、生活習慣の異なったところから移ってきた者として教えてあげてほしいのです。

文化の異なる外国からきた人に、日本の「おじぎ」を教えたり、「日本の食事の作法」を教えるのと同様です。本人の資質の問題ではなく、これまでの生活習慣の違いなのです。

③ 聴覚・言語障害者についての合理的配慮指針に基づく配慮事例 ▶▶▶▶▶

ア．募集・採用時の配慮事例

(1) 面接時に、就労支援機関の職員等の同席を認めること。

聴覚障害者といっても、小さな音が聞こえないだけの方、大きな音でもわずかに響きを感じるだけの方、全く聞こえない方と様々な方がいます。ほとんど聞こえず、手話などの視覚的なコミュニケーション手段を用いる方を「ろう者」、補聴器などを用いて音声によるコミュニケーションが図られる方を「難聴者」と呼ぶこともあります。また、聴力の損失が生じた年齢、障害原因の性質・程度等の違いによって、聞き取る力だけでなく、話す言葉の明瞭さや言語の構成能力にも個人差があります。こうした状況を踏まえ、聴覚障害者の方と面接官の意思疎通を助け、また、聴覚障害者の方の障害特性等を面接官が理解するために、面接時に就労支援機関の職員等の同席を認めている事例があります。

○同席者の例
- ハローワークの職員・手話協力員
- 障害者就業・生活支援センターの職員
- ジョブコーチ
- 特別支援学校の教諭
- 手話通訳者（障害者本人が依頼したもの）
- 手話のできる社員
- 本人の家族

(2) 面接を筆談等により行うこと。

ろう者の方はコミュニケーション手段として聴覚を利用できないので、面接において紙の他、筆談パットやホワイトボードによる筆談等の手段を使ってい

る事例があります。また、手話通訳者等を介して手話で面接を行っている事例もあります。また、難聴者の方の場合は、補聴器を用いる等の方法により、1対1の会話はこなせる場合もありますので、本人の希望や状態に応じた対応が望まれます。

イ．採用後の配慮事例

(1) **業務指導や相談に関し、担当者を定めること。**
　障害種別にかかわらず、障害者が円滑に職務を遂行するために、業務指導や相談に関し担当者を定めることが望まれます。担当者を定めることにより、障害者が働く上で支障となっている事情を互いに認識し、その支障となっている事情の解決のためにはどのような配慮が適切かといった相談に対応することができます。会社内の様々な立場の方が担当者として選任されていますが、手話ができる社員を担当者としている事例もあります。

(2) **業務指示・連絡に際して、筆談やメール等を利用すること。**
　業務指示や連絡においても、身ぶり、口話（読唇＋発語）、手話、筆談等の手段によるコミュニケーションが必要です。また、聴覚障害者の方は、単に聞こえないだけでなく、障害のない方が普段何気なく取り入れている情報を得ることができないため、気が利かないのではないかといった誤解をされてしまうことがありますが、このようなことを防ぐためにも、聴覚障害者の方に応じた手段で日常的にコミュニケーションを取っていくことが望まれます。様々なツールを活用して業務指示・連絡上のコミュニケーションを向上してもらっている事例や、会議等での情報伝達に配慮している事例があります。

(3) **出退勤時刻・休憩・休暇に関し、通院・体調に配慮すること。**
　個々の障害者の障害特性によっては、通常の時間に出勤することが困難であったり、体調に波があることや通院・服薬を要することがありますが、その場合は個々の障害者の状況に合わせて適切な配慮を行うことが必要です。聴覚障害者の方については、例えば、混雑時の危険を避けて出勤時間をずらしたり、休暇・休憩の連絡をメールで行う等の配慮を提供している事例があります。

(4) 危険箇所や危険の発生等を視覚で確認できるようにすること。

　聴覚障害者の方は、火災報知器や事業所内の緊急放送など、音による通知には気づくことができません。したがって、危険が発生した場合の合図・連絡は、視覚で確認できるようにしておき、危険な箇所はあらかじめ目で見て分かるように工夫しておくこと等の配慮を提供している事例があります。

(5) **本人のプライバシーに配慮した上で、他の労働者に対し、障害の内容や必要な配慮等を説明すること。**

　障害者がその能力を発揮し円滑に職務を遂行するためには、本人のプライバシーに配慮した上で、個々の障害特性や、その方が働くに当たってどのような支障を感じているか、どのような配慮が必要かといったことについて周囲の理解を得ることが望まれます。合理的配慮の提供は、法律上は事業主に課せられた義務ですが、周囲の人々も、各自でできる配慮をしていくことが望まれます。聴覚・言語障害の特性、コミュニケーションの取り方、誤解やトラブル防止のための留意点を社員に周知する等の事例があります。

(6) その他の配慮。

　特例子会社等においては、従業員全員が手話を学ぶ時間を設けている等、聴覚障害者の周囲の人々とのコミュニケーションを活発にするような取組を行っている例があります。

5　内部障害―心臓機能障害、じん臓機能障害、呼吸器機能障害、ぼうこう・直腸・小腸機能障害、肝臓機能障害、ヒト免疫不全ウイルス（HIV）による免疫機能障害―

1　内部障害の種類 ▶▶▶▶▶▶▶▶▶▶▶▶▶▶▶▶▶▶▶▶▶▶▶▶▶▶▶▶▶▶

　内部障害には、①心臓機能障害、②じん臓機能障害、③呼吸器機能障害、④ぼうこう・直腸・小腸機能障害、⑤肝臓機能障害、⑥ヒト免疫不全ウイルス（HIV）による免疫機能障害の障害種類が含まれています。

2 内部障害の特性

ア．運動能力の著しい低下

内部障害（HIVを除く）に共通しているのは、運動能力が著しく低下していることです。障害の種類と程度にもよりますが、重い荷物を持つこと、早く歩くこと、走ること、階段や坂道を急いで上がることなどは禁物です。また、風邪をひきやすいなど、うっかりすると体調をくずします。まず、本人の自覚と注意によって摂生し、バランスを保つことが不可欠です。

イ．職業能力

各内部障害者がどの等級に該当するかの判定は、一定の医学的基準によって行われます。しかし、障害等級による分類は、職業能力について絶対的なものとはいえません。例えば、心臓、呼吸器及びぼうこう・直腸・小腸機能障害の1級では継続的な就業はほとんどできません。しかし、じん臓機能がゼロに等しいじん臓機能障害の1級では、人工透析治療によって十分に一般就業ができます。

内部障害者は、その障害の特徴をよく理解し、職種、勤務時間、作業環境などに一定の配慮をすれば、運搬作業、重筋作業等以外の雇用労働に十分耐え、その能力を発揮することができます。

ウ．企業の理解を

内部障害者、とりわけ人工臓器を用いているという大きなハンディキャップを持つ障害者でも、原因となっている疾病が治ゆし、あるいは手術後の状態が安定すれば、通院しながら就労することは十分可能です。現に、そうした人達の多くが健常者に伍して社会復帰しています。

しかし一方では、働く意思と能力を持ちながら就職できず、長期にわたって職を求めている人達も少なくありません。特に青少年期に発病した人は、学校は卒業したが就職できない、というケースが多く、また成人期に発病した人も、長期間の治療のために退職した後、新しい就職先が見つからないということが

あります。

　雇用する側としては、内部障害者の健康に不安を持つのは当然だともいえます。就業中に体の具合が悪くなるのではないか、それでは仕事の能率が落ちるし、面倒でもあるという不安です。

　しかし、最近の医療技術の飛躍的向上は、そうした不安をほとんど解消してくれました。障害者自身、働く自信と姿勢を十分に持っています。実際に働いている内部障害者の多くが、遊んでいるより働いているほうがずっと体調がよいといいます。皆勤している例も多く見られます。

　当面、何よりも内部障害者に対する企業側の理解が一段と深まることが望まれます。

③　心臓機能障害とは ▶▶▶▶▶▶▶▶▶▶▶▶▶▶▶▶▶▶▶▶▶▶▶▶▶▶▶▶▶▶

ア．心臓機能障害のあらましは

　先天性心臓病のなかでも一番多い心室中隔欠損は、成人期までに自然閉鎖するか、手術でほとんど治ってしまいます。成人期まで障害を残している代表的なものはファロー四徴症（しちょうしょう）です。後天性のものではリウマチ熱による弁膜症、動脈硬化による狭心症や心筋梗塞があります。

　心臓は、欠陥があれば代償作用をする臓器です。ですから、その代償機能の程度を見きわめ、機能を低下させないことが大切です。

　心臓に欠陥があれば運動能力に障害を持つ"障害者"ですが、だから病気とはいえません。一時的に心臓の動きが悪くなる心不全などを起こさないかぎりは病人ではありません。

　手術が成功した者は、法律上は障害者であっても、だいたいにおいて障害者として配慮を必要としない場合が多いのです。人工弁を入れている者も、それが正常に機能しているかぎりは、肢体の障害者がすぐれた補装具を使用している場合と同様、特に過激でなければ肉体労働もできるのです。

　障害を持っていてもその機能が健常者に近いものなら、就業するうえでほとんど問題がありません。

ところが、とかく心臓に欠陥を持つ者は弱気になりがちです。また、例えば、人工弁使用者は、定期的な診断と血液凝固防止剤の服用が欠かせません。しかし、忙しいと無理をしたあげくに、決定的なほど体調をくずすことがあります。その点、周囲の理解が特に必要です。

イ．配慮事項

人工的電気刺激により心臓を興奮収縮させる心臓ペースメーカーを使用している場合、誤作動を防ぐため、高エネルギーの電磁波を発生する家庭電気製品、医療用機器、工業用機器の使用には注意が必要です。

④　じん臓機能障害とは▶▶▶▶▶▶▶▶▶▶▶▶▶▶▶▶▶▶▶▶▶▶▶▶▶▶▶▶▶▶▶

ア．障害特性

慢性胃炎、ネフローゼ症候群などのじん臓機能障害が進行すると、じん臓の働きが悪くなりじん不全になります。

重度障害者が人工じん臓による血液透析療法と食事療法、その他のじん臓機能障害者は薬物療法と食事療法を行っています。

人工透析療法の普及により、現在では、重度のじん臓機能障害者が、生命維持だけでなく、一般の人達とほぼ同じ状態で働くことができるようになりました。

イ．配慮すべき点

(ア)　透析時間の確保

人工透析をしている者にとって、透析治療のための時間を確保することが絶対に必要です。

透析患者のほとんどは、主婦業を含めてなんらかの職業についています。ほとんどの者は通院によって透析を受けています。1回の透析時間はおおむね4〜6時間で、1週間に2〜3回の透析が必要です。

通学、通勤などの際に問題となるのが、透析のための時間の確保です。夜

間透析を行う病院が近くにない場合は昼間の透析となり、週3～4日勤務とならざるをえません。準夜間透析の場合は、午後3時頃から透析をはじめるため早退ということになります。

最近は、夜間、準夜間の透析を行う病院が増えてきています。また、家庭透析を行っている者もいます。さらに最近開発されたCAPD（自己連続携行式腹膜透析）療法では、ほとんど一般の人に近い就労時間が確保できます。

(イ) その他の配慮点は

じん臓機能障害者は、風邪などの感染症に罹患しやすいので、その予防を心がける必要があります。また、身体を冷気にさらさないような温暖な労働環境が望まれます。

5 呼吸器機能障害とは ▶▶▶▶▶▶▶▶▶▶▶▶▶▶▶▶▶▶▶▶▶▶▶▶▶▶▶▶▶▶▶

ア．障害のあらまし

呼吸器機能障害とは、肺結核、肺線維症その他によって肺呼吸が十分できず、酸素の吸収が不足し、炭酸ガスの排出が妨げられる状態をいいます。最近、肺結核は早期発見と治療によって比較的早く治ゆするようになったため、若年層の障害者は少なく、中高年齢層がその大部分を占めるようになってきています。

呼吸器機能障害3、4級の者については、健康管理が適切であれば、軽作業、デスクワーク、セールスといった仕事は、健常者と変わりなく行うことができます。1級の場合でも、かなり制限は加えられますが、時間をかけて慣らしていけば、普通の勤務に耐えられる者もなかにはいます。

最近は、家庭に酸素吸入器を備え付けておき、酸素欠乏やガス交換を補う方法もとられており、健康維持の方法に改善が見られます。

イ．配慮事項は

気管支粘膜が過敏になっていることが多いので、環境としては刺激性ガスや温度（特に冷気）、乾燥に留意します。酸素療法を行っている場合は火気や室内の換気にも留意します。

6 ぼうこう・直腸・小腸機能障害とは

ア．障害特性

(ア) 人工ぼうこう

ぼうこう・直腸機能障害者とは、人工ぼうこう、人工肛門の造設者等の排せつ機能に障害があり日常生活に制限を受ける者をいいます。また、小腸機能障害者は、人工腸管システムの利用者などで、小腸腫瘍などのため腸管の大量切除または腸管機能不全の状態にあり、日常生活に制限を受ける者をいいます。

尿を排せつする役割を持つ「ぼうこう」を疾病や事故などで切除したり、その機能を失い、排せつできなくなった場合などには、代替機能を求めて、身体の外部にぼうこうの機能を有する器具を装着することになります。

このように、正常な尿路を経由しての排尿ができないために、腹壁に排尿孔を造設したものを「人工ぼうこう」といい、この排尿孔を、「ストーマ」と呼んでいます（図表9）。

人工ぼうこうの場合、排尿を調整できないため、絶えず尿がでてきます。これを集尿器に溜め、適宜処理することになります。

図表9　人工ぼうこう

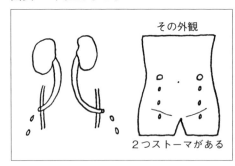
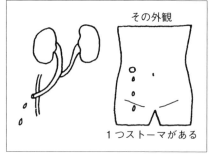

(イ) 人工肛門

これは、本来の排せつ孔である自然肛門が使用できなくなったとき、すなわち、疾病や事故により、直腸を切除するなどした場合に、腹壁に排せつ孔を設けたものです。この排せつ孔も「ストーマ」と呼びます。

人工肛門の場合の排便の方法は、蓄便袋に自然に排出した便を一時溜めておき、それを必要に応じて処理する方法が最も多く用いられています。このほか、必要に応じて、紙おむつを使用して処理する方法、浣腸や下剤を用いて強制排便する方法が用いられます。

(ウ)　人工腸管システム

　これは、腸管の大量切除または腸管機能不全により、小腸による栄養吸収が不可能であるため、静脈に高カロリー栄養物の輸液をしながら自由に日常動作のできる携帯用輸液システムです（図表10）。

図表10　人工腸管模式図

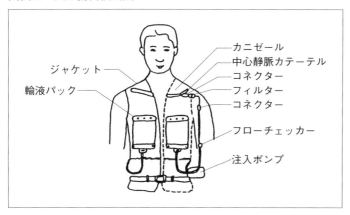

イ．配慮すべき点

　ぼうこう・直腸・小腸機能障害1級の者の就労は困難です。しかし、3・4級の者の場合はおおむね軽作業は可能であり、特に4級の場合はある程度の肉体労働も可能です。また、障害の性質上、恥じらいや周囲の誤解、昇格等の差別を恐れて、その障害をかくして勤務している者も相当数いるものと推察されます。

　人工ぼうこう・人工肛門を造設した人達、あるいは人工腸管システム利用者は、日常生活において十分な注意を払っています。例えば、人工ぼうこう・人工肛門造設者は、便の状態は、食物、精神状態、風邪などの病気などによって

変化するので、常に体調を整えておく必要があります。また、ストーマ用装具についても、便や匂いが漏れないもので、ストーマ周辺の皮膚に悪影響を及ばさないものを選んで使用しています。匂いについては、脱臭剤やガス抜き用の活性炭フィルター等が用いられており、現在ではほとんど周囲の者が感じることはありません。

これらの造設者は、日常の衛生管理と健康管理について、人工ぼうこうの場合は、泌尿器科、人工肛門の場合は外科のかかりつけの医師の治療と指導を受けているので、問題はありません。ストーマが安定すれば、通院の頻度も月1回ないし3カ月に1回程度であり、生活や勤務に支障をきたすことはほとんどありません。

小腸機能障害の場合は、高熱環境の職場、肉体労働主体の職場などでは発汗量も多いことから、電解質バランスの異常や脱水状態をきたしやすくなるので、避けたほうがよいでしょう。

7 肝臓機能障害とは ▶▶▶▶▶▶▶▶▶▶▶▶▶▶▶▶▶▶▶▶▶▶▶▶▶▶▶▶

平成22年4月1日から、肝臓機能障害(代謝、解毒などの役割を担う肝臓が肝炎ウイルスなどにより機能低下した状態)についても、内部障害者の範囲に含まれています。

8 ヒト免疫不全ウイルス(HIV)による免疫機能障害とは ▶▶▶▶▶▶▶▶▶▶

ア. 障害のあらまし

HIVは、Human Immunodeficiency Virusの略で、日本語ではヒト免疫不全ウイルスといいます。HIVは、免疫の司令塔の役割を持つCD4陽性リンパ球に感染し、徐々に破壊します。CD4陽性リンパ球の数が減ると免疫機能が弱まり、いろいろな病気に罹患しやすくなります。

CD4陽性リンパ球数が低下することにより生じた免疫不全状態に日和見感染症(通常の免疫力があれば問題にならないような弱い病原体により病気が発症すること)を併発した状態をAIDS(エイズ)発症といいます。

近年、治療法は格段に進歩し、服薬や通院の回数も少なくて済むようになってきています。副作用や他の病気がある場合など、個別の事情によって頻度は異なりますが、服薬は1日に1～2回程度、通院は1～3カ月に1回程度です。

イ．配慮事項は

　動物や様々な感染症患者との接触が多い職務は、本人の感染症への罹患が高まるため、注意する必要があります。

　出血した場合には、HIVに限らず、血液を介して感染する病気があることに留意して、血液が粘膜や傷口に触れないように、使い捨てのビニール手袋やゴム手袋を着けます。また、出血した人をばい菌から守るためにきれいなタオルでくるむなど、「周囲が感染しないこと」だけでなく「出血した人を守ること」を考える必要もあります。

⑨ 内部障害者についての合理的配慮指針に基づく配慮事例 ▶▶▶▶▶▶▶▶▶▶

ア．募集・採用時の配慮事例

(1) 面接時間について、体調に配慮すること。
　内部障害には、心臓機能障害、腎臓機能障害、呼吸器機能障害、膀胱または直腸機能障害、小腸機能障害、ヒト免疫不全ウイルスによる免疫機能障害、肝臓機能障害があります。これらの障害に共通していることとして、体力や運動能力が低下していることがあります。また、通院を要する人もいますので、本人との話合いにより、面接時間や試験形態について配慮している事例があります。

イ．採用後の配慮事例

(1) 業務指導や相談に関し、担当者を定めること。
　障害者が円滑に職務を遂行するために、業務指導や相談に関し企業内の様々な立場の人を担当者として選任している事例があります。担当者を定めること

により、障害者が働く上で支障となっている事情を互いに認識し、その支障となっている事情の解決のためにはどのような配慮が適切かといった相談に対応することができます。

(2) **出退勤時刻・休憩・休暇に関し、通院・体調に配慮すること。**

個々の障害者の障害特性によっては、通常の時間に出勤することが困難であったり、体調に波があることや通院・服薬を要することがありますが、その場合は個々の障害者の状況に合わせて適切な配慮を行うことが必要です。内部障害の方については、本人の希望と障害の状態、通院状況に合わせて、柔軟に休暇・休憩を取得する、あるいは、固定的な勤務休暇形態にするといった事例があります。

(3) **本人の負担の程度に応じ、業務量等を調整すること。**

個々の障害特性に応じて、できないことや避けるべきことを本人と事業主が話し合い、それに基づいて業務量等を調整するといった事例があります。例えば、肝臓機能障害の場合は全身の倦怠感等の症状が見られることがあり、重労働や残業等は控えることや、肝臓機能障害は自覚障害が現れにくく、無理をして状態を悪化させることがあるので、本人の自己管理だけでなく周囲の理解を得ることも望まれます。

(4) **本人のプライバシーに配慮した上で、他の労働者に対し、障害の内容や必要な配慮等を説明すること。**

障害者がその能力を発揮し円滑に職務を遂行するためには、本人のプライバシーに配慮した上で、障害者の障害特性や、その方が働くに当たってどのような支障を感じているか、どのような配慮が必要かといったことについて周囲の理解を得ることが望まれます。合理的配慮の提供は、法律上は事業主に課せられた義務ですが、周囲の人々も、各自でできる配慮をしていくことが望まれます。

(5) **その他の配慮。**

緊急時に備え、本人の家族の連絡先や主治医の氏名・連絡先を把握している例があります。

第2章 知的障害

1　知的障害者の定義・判定基準等 ▶▶▶▶▶▶▶▶▶▶▶▶▶▶▶▶▶▶▶▶▶▶▶▶

ア．知的障害とは

　知的障害とは、先天的である染色体の異常や出産期、乳幼児期における脳の疾病、損傷等様々な原因で、以後の生育過程における知的能力の発達が遅滞した状態とされています。知的能力の発達が停滞していることの確認は、知能指数（IQ：Intelligence Quotient）などいくつかの方式がある知能検査によって行っています。

イ．知的障害者の定義は

　国の知的障害者福祉施策の根拠法は知的障害者福祉法です。ただし、同法には知的障害者の定義が定められていません。行政上、知的障害は、「知的機能の障害が発達期（おおむね18歳まで）にあらわれ、日常生活に支障が生じているため、何らかの特別の援助を必要とする状態にあるもの」（厚生労働省「平成12年知的障害児（者）基礎調査」における定義）とされています。

ウ．知的障害者の判定機関は

　障害者雇用促進法に基づく法定雇用率の対象となる「知的障害者」とは、判定機関（児童相談所、知的障害者更生相談所、精神保健福祉センター、精神保健指定医、または障害者職業センター）が知的障害があると判定した者のことをいいます（障害者雇用促進法第2条、同法施行規則第1条の2）。

エ．知的障害者の判定基準は

　知的障害者の判定基準は、各都道府県知事が定めることになっています。このため、療育手帳の名称や交付対象者の判定基準は都道府県により若干の相違があります。例えば、東京都における療育手帳（愛の手帳）交付対象者の判定基準は、図表1のようになっています。

　知的障害者と判定された者には療育手帳が交付されます。これにより、その知的障害者は公的な福祉施策、雇用対策の対象になります。

図表1　東京都における療育手帳（愛の手帳）交付対象者の判定基準

	1度（最重度）	2度（重度）	3度（中度）	4度（軽度）
知能測定値	知能指数及びそれに該当する指数がおおむね0から19のもの	知能指数及びそれに該当する指数がおおむね20～34のもの	知能指数及びそれに該当する指数がおおむね35～49のもの	知能指数及びそれに該当する指数がおおむね50～75のもの
知的能力	文字や数の理解力のまったくないもの	文字や数の理解力が僅少なもの	表示をある程度理解し簡単な加減ができるもの	テレビ、新聞等をある程度日常生活に利用できるもの、給料等の処理ができるもの
職業能力	簡単な手伝い等の作業も不可能なもの、職業能力のないもの	簡単な手伝いや使いは可能なもの、保護的環境であれば単純作業が可能なもの	指導のもとに、単純作業、自分の労働による生活が可能なもの	単純な作業、自分の労働による生活が可能なもの
社会性	対人関係の理解、社会生活の不能なもの	集団的行動のほとんど不能なもの、社会生活の困難なもの	対人関係の理解及び集団的行動がある程度可能なもの。他人の理解のもとに従属的社会生活が可能なもの	対人関係が大体良く集団的行動がおおむね可能なもの。従属的な立場での社会生活が可能なもの
意思疎通	言語がほとんど不能なもの	言語がやや可能なもの	言語が幼稚で文通の不可能なもの	言語及び簡単な文通が可能なもの
身体的健康	特別の治療、看護が必要なもの	特別の保護が必要なもの	特別の注意が必要なもの	正常で特に注意を必要としないもの

日常行動	日常行動に異常及び特異な性癖があるため特別の保護指導が必要なもの	日常行動に異常があり、常時注意と指導が必要なもの	日常行動にたいした異常はないが、指導が必要なもの	日常行動に異常がなくほとんど指導を必要としないもの
基本生活	身辺生活の処理がほとんど不可能なもの	身辺生活の処理が部分的にしか可能でないもの	身辺生活の処理が大体可能なもの	身辺生活の処理が可能なもの

オ．重度の知的障害者とは

　障害者雇用促進法では、知的障害者についても身体障害者と同様に「重度障害」の概念があります。同法施行規則第1条の3で知的障害者判定機関（前記ウに記載の機関）により知的障害の程度が重いと判定された者と規定されています。

カ．企業の知的障害者であることの確認方法は

　知的障害者であることの確認は「療育手帳」で行います。

2　知的障害者の特性 ▶▶▶▶▶▶▶▶▶▶▶▶▶▶▶▶▶▶▶▶▶▶▶▶▶▶▶

ア．知的障害と他の障害との違いは

　知的障害は、知的能力の発達障害であるという点から、高齢化に伴って生じる老人性痴呆症とは区別されます。また、知的障害は「知的能力の恒久的な遅滞」であるのに対して、統合失調症、そううつ病などに代表される精神疾患（精神障害）は「異常な、病的な精神状態の総称」であり、両者は全く異なるものです。

　人間の脳には、身体行動、感情情緒、知的機能といったすべての言動、振舞いをコントロールする神経中枢が集約されています。知的障害者の場合、これらの神経中枢の機能のうち、「知的機能」を受け持っている脳細胞の一部が種々

の原因により損傷を受けています。このため、思考、認識、判断、知覚、言語、記憶、創造、随意運動の領域が弱いのです。これらが「きちんとできない」、「さっさとできない」、「なかなか覚えられない」という形で現れてきます。

イ．日常生活能力、社会性、職業能力等についての判断も必要

しかし、こうした知能の働きの側面からだけみていくと、日常生活のなかでの知的障害者の行動が、理解しにくい場面が少なくありません。実際には知的障害者を理解していくためには、行動面からのアプローチが不可欠です。このことがまた、知的障害の概念をいっそう難しいものにしています。こうしたことから、知的障害者福祉法をはじめ各関係法においては、知的障害の概念規定が設けられていません。

ウ．知能指数（IQ）による判定とその注意点は

知的障害者を判別するのに、通常「知能指数（IQ）」が用いられています。
知能指数は（IQ）は、次のように計算されます。

$$知能指数（IQ）= \frac{精神年齢（知能年齢）}{生活年齢（暦年齢）} \times 100$$

例えば、10歳の者が知能検査の結果、精神年齢は7歳相当であると判定された場合は、7/10×100で、IQは70となります。

IQについては、次の点に十分に留意する必要があります。

① IQは、あくまでも実際の年齢と知能の発達程度の相関関係をみたものであり、それ自体生涯不変でなく、変動するものであること。
② IQは、知能発達の水準を知る目安とはなる。ただし、検査の方法も様々で、知的障害者の場合、知能が低く測定しにくい者を対象にして判定する困難性も加わる。このため、判定結果に現れた若干の数値の差が相互の絶対的な能力差につながるものではないこと。
③ IQは、あくまで知的レベルを判別したもので、その人の持つ生活能力や職業能力とは必ずしも一致しないこと。

このように、IQは実際の生活や就業の面では、絶対的なものではないことをよく認識し、慎重に取扱う必要があります。

③ 知的障害者の雇用状況 ▶▶▶▶▶▶▶▶▶▶▶▶▶▶▶▶▶▶▶▶▶▶▶▶▶▶

厚生労働省の「平成25年度障害者雇用実態調査結果」によると、知的障害者の雇用状況は以下のとおりとなっています。

ア．知的障害者の雇用人数

平成25年11月時点で回答事業所（8,673社）において雇用されている知的障害者は4,632人であり、復元すると推計15万人でした。以下の分析においては、全て推計値を用いています。

イ．知的障害者の産業別雇用割合

知的障害者の雇用状況を産業別に見ると、卸売業、小売業で37.5％と最も多く雇用されています。次いで、製造業25.7％、サービス業14.1％となっています（図表2）。

図表2　知的障害者の産業別雇用割合

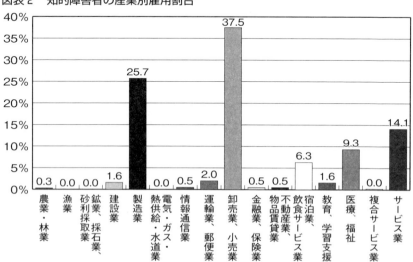

（出典：厚生労働省『平成25年度障害者雇用実態調査』）

ウ．知的障害者の事業所規模別雇用割合

　事業所規模別に見ると、5〜29人規模で35.8％と最も多く、次いで30〜99人規模35.7％、100〜499人規模20.5％、500〜999人規模、1,000人以上規模の順になっています。国内の常用労働者と比較すると、知的障害者の雇用は5〜29人規模で少なくなっています（図表3）。

図表3　知的障害者の事業所規模別雇用割合

	5〜29人	30〜99人	100〜499人	500〜999人	1,000人以上
知的障害者	35.8	35.7	20.5	5.8	2.1
常用労働者（参考）	41.3	26.3	20.9	4.8	6.7

（出典：厚生労働省『平成25年度障害者雇用実態調査』）

④　知的障害の原因

　知的障害が生じる原因は実に様々であり、ある学説によると480通りもあるといわれています。また、遺伝的要素によるものは全体のうちの10％程度といわれています。

　例えば、原因のうち主要なものを掲げると、次のとおりです。

①感染、疾患、病態によるもの

　母体からくるウイルス、風疹、梅毒など。

②中毒によるもの

　妊娠中の炭酸ガス中毒など。

③外傷、物理的作用によるもの

　出産前のX線の影響、出産時の酸素欠乏や鉗子分娩などによる損傷など。

④代謝、発育、栄養障害に基づく疾患によるもの

　フェニルケトン尿症、自家中毒など。

⑤出産前の影響（不明）によるもの

無脳症、小頭症、水頭症、ダウン症候群など。
⑥脳損傷によるもの
　脳炎、脳性マヒ、熱性伝染病、頭部外傷、中耳炎など。

5　知的障害者の言動面の傾向等 ▶▶▶▶▶▶▶▶▶▶▶▶▶▶▶▶▶▶▶▶▶▶▶▶

　各人の障害の程度、それまでの成育環境、教育訓練歴によっても異なりますが、知的障害に伴い共通的に見られる特性、傾向は次のとおりです。

ア．知的能力

　知的能力に障害があるため"計算"や"数"が苦手です。また、抽象的な思考に弱く、自分の頭のなかで考えて、計画を立てたり、これを順序立てて実行に移すことが極めて苦手です。

　さらに、応用能力に弱く、現在従事している作業とほとんど同じ種類の仕事であっても、少しでも異なる箇所があれば、知的障害者にとっては、全く新しい作業ということになります。

　「この程度の応用作業はできるだろう」と周囲が考えるように簡単にはいかないのが、障害の特性でもあります。

イ．素直さ、持続性などの長所

　知的障害者を受け入れている訓練校、雇用している企業が、彼らの長所として掲げている点を例示すると次のとおりです。

　　○指示されたことに対し、素直に従う。
　　○一度覚えたことは、着実に長時間繰り返し行える持続性を持っている。
　　○多くの者は真面目で、出勤率や作業態度がよい。
　　○陰日向なく、一生懸命に働く。
　　○性格が明るい。

ウ．身辺処理、社会生活能力

　知的障害者の就業に際して問題になるのは、知能の発達の遅れよりも、身辺

自立、社会生活能力が身についていないこと、体力がないことだとよくいわれます。
　たしかに、そのようなことは就業以前に家庭や学校などで身につけるべきものでしょうが、なかには十分身についていない者もいます。

エ．感情、情緒

　知的障害者は、知能面でハンディキャップを持っていますが、一般的にみて、感情、情緒面は健常者と同様に成長すると考えられています。
　知的障害者は、周囲の者の自分に対する見方、とらえ方については、健常者以上に気にする傾向があります。「やっぱり」、「こんなことができなくて」といった心ないひと言が、知的障害者には耐えられないほど強い言葉として伝わることがあります。
　反対に、「君を頼りにしているよ」と口にだしたり、態度に示すことで、知的障害者は生き生きと張り切って働きます。

⑥ 知的障害者のてんかん発作などの合併障害 ▶▶▶▶▶▶▶▶▶▶▶▶▶▶▶▶

　知的障害者のなかには、てんかん発作の症状を併せ持っているケースがあります。このような場合、安全確保の観点から、配置する作業や場所に配慮することが必要です。
　てんかんとは、突発性の脳律動異常、つまり発作が繰り返される一種の脳の病気です。発作は、大発作からちょっとした頭痛だけで終わるような自律神経発作まで、様々な型があります。現在では、医学の進歩により、診断の技術、抗けいれん剤もすぐれたものがでてきており、薬によりそのほとんどが抑制できるようになっています（てんかんについて詳しくは196頁以降参照）。
　このほか、知的障害者のなかには、言語障害、手足のマヒなど他の障害を併せ持っている場合があります。

7 知的障害者についての職場の配慮ポイント ▶▶▶▶▶▶▶▶▶▶▶▶▶▶▶

ア．指導担当者の選任

　知的障害者の場合、健常者以上に指導担当者が大きな役割を果たします。親身になって彼らのめんどうをみて、指導してくれる上司・先輩などを指導担当者として選んでおくことが不可欠です。

イ．配置先の選定

　知的障害者が健常者に劣らない作業効率を示すようになるのは、彼らを能力と適性にふさわしい部署に配置した場合です。そこで大切なのは、いきなり「ここで働かせよう」と決めないで、最初の数カ月は適職を発見するまでいろいろな仕事をやらせてみることです。

　もう一つ大切なことは、職場の人間関係にも目配りをしておくことです。そのため、同じ部署で一緒に作業をした従業員から意見を聞き、あわせて責任者は状況を詳しく観察します。

　なお、いろいろな作業に従事させる場合には、あらかじめ知的障害の特性から生じる恐れのある労働災害に対して注意を払うことが必要です。機械に巻き込まれてケガをする、高温のためにやけどをするなどの可能性のある危険な場所への配置は避けることです。

ウ．仕事の単純化

　知的障害の特性から共通していえることは、教える仕事を分割し、単純化するほうがよいということです。複雑な仕事も同一動作の繰り返しという簡単な作業に置き換えることで覚えやすくなります。

　また知的障害者は、数の計算が苦手です。そのため仕事でも、決められた数の製品を箱詰めしたり、決められた寸法どおりに素材を切断したりという、計数を伴う作業を行わせると混乱することがあります。数を扱うことが苦手であることを理解し、健常者と同じようにやらせるのではなく、ひと工夫して、「数」や「計算」を視覚や動作に置き換え作業を行わせるようにします。

エ．業務についての指導

　知的障害者への指導については、以下の事項を参考に行います。

①知的障害者各人の理解力の程度に合わせて指導を行います。知的能力や適応力には個人差があり、画一的な指導は効果がありません。

②指示は単純明快に行うようにします。応用力の乏しい知的障害者は、同時にいくつかの指示を受けると、どの仕事からはじめるのかわからなくなり混乱するからです。

③知的障害者は抽象的な言葉を理解することが苦手です。このため、言葉だけの指示はできるだけ避け、手をとって教えるようにします。手足の反復動作により仕事を覚えるので、繰り返し根気よく教えることが必要です。そのため、教え方はいつも同じ方法で、また、教える内容は一度に一つとするように心がけます。

④知的障害者は健常者に比べ、仕事に習熟するまでに長い時間がかかります。ある知的障害者を多数雇用している事業所の調査結果によると、1年未満で約80％の人が指示どおりに仕事ができるところまで到達しています。これが習熟期間の一つの目安と考えられます。知的障害者の教育訓練は、このことをあらかじめ理解しておくことが必要です。せっかく雇入れた彼らの教育訓練を途中であきらめてしまわないことです。

⑤このほか知的障害者のなかには、過保護のため、作業に必要な体力がない者もいます。このため、体力づくりや健康管理のための指導も教育訓練に当たる者の大事な役割の一つといえます。

オ．職場の雰囲気、人間関係等

　知的障害者を雇用する場合、職場の雰囲気や人間関係で配慮が必要な事項は次のとおりです。

①周りの人の協力を得ながら、「会社には君が必要である」という雰囲気を作り上げます。例えば、健常者と知的障害者でグループを組んで仕事を進める方法とか、経験を積んだ先輩の知的障害者に後輩の指導を担当させる方法な

ど効果のある実例が雇用経験のある企業から報告されています。
② 仕事に対する意欲は、「自分でやり遂げた満足感」や「ほめられてうれしかった」というような体験により、徐々に形成されるものです。そこで、そうした経験に乏しい彼らの教育訓練は、やる気を起こさせる体験ができるような環境づくりが大切です。
③ 知的障害者は、健常者と比べ、裏表なくよく働き、朝も早くから出勤してくるというひたむきな熱心さを感じさせます。しかしその反面、感情表現が下手だったり、コミュニケーションを上手に行えない不利な面を持っています。このような面にも心を配り、知的障害者が職業人として自立していくために温かい指導が望まれます。

8 知的障害者についての合理的配慮指針に基づく配慮事例 ▶▶▶▶▶▶▶▶▶▶

ア．募集・採用時の配慮事例

(1) 面接時に、就労支援機関の職員等の同席を認めること。

知的障害者の方は、意思交換（言葉を理解し気持ちを表現することなど）が苦手な場合があるため、面接官との意思疎通に支障が生じる可能性があります。このような事情を踏まえ、知的障害者の方と面接官の意思疎通を助け、また、知的障害者の方の障害特性等を面接官に伝えてもらうために、面接時に就労支援機関の職員等の同席を認めている事例があります。

○同席者の例
　・ハローワークの職員
　・障害者職業センターの職員
　・障害者就業・生活支援センターの職員
　・障害者職業訓練校の職員
　・就労継続支援事業所の職員
　・特別支援学校の教諭
　・障害者福祉施設の職員
　・地方自治体の障害者支援機関の職員
　・ジョブコーチ

・本人の家族
　○同席者の役割の例
　　　・本人のできること、できないことの説明
　　　・面接時の本人の受け答えのフォロー
　　　・本人の障害特性、配慮事項

(2) **その他の配慮。**

　知的障害者の方に対する募集及び採用時のその他の配慮としては、以下の事例があります。
○通常は実施していない、本人・保護者・ハローワーク等職員を対象とした入社前説明会を実施した。
○面接において、本人が過度に緊張しないように平易な質問、優しい口調を心がけたり、作業内容の説明にイラストを用いるなどした。
○集団面接を免除した。
○人事部にジョブコーチ経験者を配置している。

イ．採用後の配慮事例

(1) **業務指導や相談に関し、担当者を定めること。**

　障害者が円滑に職務を遂行するために、業務指導や相談に関し企業内の様々な立場の人を担当者として選任している事例があります。担当者を定めることにより、障害者が働く上で支障となっている事情を互いに認識し、その支障となっている事情の解決のためにはどのような配慮が適切かといった相談に対応することができます。
○担当者の例
　　・社長、施設長、常務等の組織の管理者
　　・総務部等の人事担当者
　　・就業場所の責任者
　　・本人の上司
　　・本人の同僚
　　・本人と同世代、同性の者

- 本人と同じ障害のある先輩社員
- 定年退職後の再雇用社員
- 衛生管理経験者
- 社内のジョブコーチ資格保有者
- 障害者職業生活相談員
- 新人担当のチューター（障害特性について指導した上で）

（※）本人が職場に直接相談しにくい場合に、障害者就業・生活支援センターの職員が対応した例があった。

○担当のあり方の例
- 本人の混乱を避けるため、指示や相談対応を行う者を限定している（他部署の業務指示であっても必ず担当者を通すようにしている）。
- 作業の現場ごとに専任の担当者を定めている。
- 業務指導を行う者（本人の上司等）と相談対応を行う者（総務部等）を分けている。
- 障害者の担当者と支援機関が連携している。
- 担当者は目印をつけ（帽子に赤ラインを入れる等）、わからないことがあれば直ぐに聞くことができるようにしている。

○指導・相談の仕方の例
- 定期的（朝礼・終礼時等）に面談や声かけを実施したり、連絡ノートを活用し、日々の報告・連絡・相談を受けている。
- 直接相談しにくい内容については、相談用紙と投函する箱を設置している。

○社内キャリア支援室に臨床心理士を配置し、相談を受けられるようにしている。

○社員にジョブコーチ資格を取らせている。

(2) **本人の習熟度に応じて業務量を徐々に増やしていくこと。**

　知的障害者の方にとって、業務開始後すぐに様々な業務に対処することが大きなストレスになる場合があります。これらのストレスや疲労をできるだけ防ぐため、当初は業務量を少なくしたり、軽易な業務を担当してもらい、本人の習熟度に合わせてゆっくり業務量を増やしたり、徐々に複雑な業務を担当してもらっていくなどの配慮事例があります。

○当初は業務量を少なくし、本人の習熟度等を確認しながら徐々に増やしてい

く。
○当初は軽易な業務を担当してもらい、本人の習熟度を確認しながら徐々に複雑な業務を担当してもらっていく。
○業務量、作業内容の変更の際に考慮していることの例
  ・日報や月報の内容により習熟度を判断する。
  ・予め定量的な目標を定めておき、目標を達成できれば業務量等を増やすこととしている。
  ・ジョブコーチや支援機関と相談して決定する。

(3) **図等を活用した業務マニュアルを作成する、業務指示は内容を明確にし、一つずつ行う等作業手順をわかりやすく示すこと。**

　知的障害者の方の中には、「話し言葉は理解できるが、文章の理解や表現は苦手」という方から「言葉による指示より視覚的指示の方が理解しやすい」という方まで様々な方がいます。これらの知的障害者の方への業務指導に当たっては、支援者が作業を熟知し、その上で作業のプロセスを分割・整理し、できるだけ具体的かつ簡潔に伝える等の事例があります。

○図等を活用した業務マニュアルを作成している例
  ・作業手順や使用する器具、就業場所等について、図や写真等を活用して細かく説明した業務マニュアルを作成する。
  ・口頭のみではなく指示内容を紙に書いて渡している。
  ・必要に応じてジョブコーチ等に業務マニュアルの作成を支援してもらっている。
○業務について本人に説明する際、説明内容をメモにとってもらうこと等により、内容の理解促進を図っている。
○業務指示を明確に行っている例
  ・1日の業務の流れをスケジュールとして掲示している。
  ・マンツーマンにより、手本、見本を見せ、本人の理解度を確認しながら業務指示をしている。
○一つの指示を出し、終わったことを確認してから次の指示を出すなど、作業指示を一つずつ行うようにしている。
○業務の急な変更は避けるようにしている。
○業務を間違いなく行えるように配慮している例

- 業務を確実に遂行できているか、チェックシートを用いて確認している。
- 数の扱いが苦手なため、計量に際して許容できる誤差の範囲を予め計量器のそばに掲示したり、規定の個数や量以上に入らないケースを使用している。
- 作業に使用する部品等を予め机上に用意しておき、間違えないようにしている。
- 清掃場所を色別に分けた上で、使用する道具も同じ色に分けている。
- 郵便物の仕分けに際し、各社・各課の箱にプレートをつけることで間違えないように工夫している。
- 作業手順を示したDVDを作成している。

(4) **出退勤時刻・休憩・休暇に関し、通院・体調に配慮すること。**

　個々の障害者の障害特性によっては、通常の時間に出勤することが困難であったり、体調に波があることや通院・服薬を要することがありますが、その場合は個々の障害者の状況に合わせて適切な配慮を行うことが必要です。例えば、知的障害者の方については、特に新しい環境に入る際に、本人の体調や心理的負担の程度を考慮し、勤務条件を調節する等の事例があります。

○その他、労働条件・職場環境等に関し、通院・体調に配慮している例
- 短時間勤務から開始し、徐々に勤務時間を延ばしていく。
- 本人の希望や体調に配慮した勤務時間とする。
- 残業や夜勤を控えてもらうようにしている。
- 定期的な声かけや個別面談等を実施している。
- 連絡帳等により家族とも情報交換を行い、体調等の確認を行っている。
- 毎朝出勤ボードに体温や体調を申告してもらう(良好・普通・悪い)ことで体調を確認している。
- 定期的に支援機関と本人を交えケース会議を実施している。

(5) **本人のプライバシーに配慮した上で、他の労働者に対し、障害の内容や必要な配慮等を説明すること。**

　障害者がその能力を発揮し円滑に職務を遂行するためには、本人のプライバシーに配慮した上で、障害者の障害特性や、その方が働くに当たってどのような支障を感じているか、どのような配慮が必要かといったことについて周囲の理解を得ることが望まれます。合理的配慮の提供は、法律上は事業主に課せら

れた義務ですが、周囲の人々も、各自でできる配慮をしていくことが望まれます。
○（本人の希望を踏まえて）説明をする相手の例
　・総務等人事担当者
　・本人の上司
　・業務上関係する部署の社員
　・全社員
○（本人の希望を踏まえて）説明する内容の例
　・障害者であることのみを説明する
　・障害者の特性、行動パターンや配慮を要する点について
　・具体的で必要最小限の障害特性（作業内容を習得するのに多少時間がかかること、２つのことが同時にできないこと、数字の処理が苦手であること等に対して配慮が必要であること等）について
　・店舗内で客に声をかけられた際にフォローする等の配慮が必要であること
　・本人が困っているときの声のかけ方、会話の仕方等の接し方について
　・本人に対し行ってはならないことについて
　・本人の勤務スケジュールについて
○（本人の希望を踏まえて）説明する方法の例
　・就労支援機関や特別支援学校の職員とともに説明する。
　・障害の特性等を記載したリーフレットや本人の特性、必要な配慮事項などを記載した資料等を配布する。
○知的障害者の障害特性を理解するための研修を実施している。

(6)　**その他の配慮。**
　　知的障害者の方に対する採用後のその他の配慮としては、以下の事例があります。知的障害者に対し、社会ルール等を教える際には、できるだけ平易な表現を心がけるとともに、会社や社会のルール等の勉強会を開いている例もあります。
○本人が遂行困難・苦手な作業、危険が伴う作業については、担当としないこととしている。
○自分では体調管理が難しい場合もあるため、熱中症を予防する観点から、夏期には水分補給のためのウォーターサーバーを設置している。

○知的障害者に対し、会社や社会のマナー及びルール、通勤災害や労務災害予防のための勉強会を開催し、参加してもらっている。
○ジョブコーチや障害者就業・生活支援センターの支援を活用している。

第3章 精神障害（狭義）
―気分障害、統合失調症、てんかん、不安障害―

1 精神障害についての共通知識

1 精神障害とは ▶▶▶▶▶▶▶▶▶▶▶▶▶▶▶▶▶▶▶▶▶▶▶▶▶▶▶▶

障害者雇用促進法でいう「精神障害者（発達障害者を含む）」とは、次の①、②のいずれかに該当する者で、症状が安定し、就労が可能な状態にある者のことです（障害者雇用促進法第２条、同法施行規則第１条の４）。

①精神障害者保健福祉手帳の交付を受けている者

　　この手帳は、精神障害者（狭義）、発達障害者、高次脳機能障害者等に対して交付されています。

②①の手帳の交付を受けていないが、統合失調症、そううつ病（そう病及びうつ病を含む）、またはてんかんにかかっている者

　ただし、企業等が雇入れた場合に、法定雇用率の算定対象になるのは、前記①の者のみです。②の者は、障害者雇用促進法で規定されている職業リハビリテーションについての支援を受けることができます。

　また、②の者が、同法の障害者雇用納付金制度による助成金の対象となるには、その企業にハローワーク（公共職業安定所）の職業紹介で就労していることなどが要件になります。

2 精神障害の種類 ▶▶▶▶▶▶▶▶▶▶▶▶▶▶▶▶▶▶▶▶▶▶▶▶▶▶▶▶

職場で対応が必要となる主な精神障害（広義）の種類は、図表１のとおりです。これらの精神障害（狭義）のうち①〜⑤については、本章において、それぞれの障害の特性、職場における配慮ポイントなどについて説明します。また、２．発達障害については第４章で、３．高次脳機能障害については第５章で、それぞれ説明します。

図表1　主な精神障害（広義）の種類

障害の名称（グループ名または単独名）		左記に含まれる障害
1．精神障害（狭義）		
	①気分障害	うつ病、そう病、そううつ病
	②統合失調症	
	③てんかん	
	④不安障害（神経症）	パニック障害、心的外傷後ストレス障害（PTSD）、過換気症候群（かかんきしょうこうぐん）、その他
	⑤パーソナリティ障害	社会生活や職業生活に支障が生じるほどにパーソナリティ（人となり）が偏っている障害
	⑥依存症	アルコール依存症、薬物依存症
2．発達障害		a　広汎性発達障害（自閉症スペクトラム障害） 　　アスペルガー症候群、自閉症、高機能自閉症、その他 b　学習障害（LD） c　注意欠陥多動性障害
3．高次脳機能障害		失語症、失行症、失認症、記憶障害、その他

③ 精神障害者保健福祉手帳とは ▶▶▶▶▶▶▶▶▶▶▶▶▶▶▶▶▶▶▶▶▶▶▶▶▶▶

ア．手帳の申請方法

　精神障害者保健福祉手帳は、精神障害を有する者のうち、一定レベル以上の機能障害や能力障害のある者を交付対象としています。手帳の交付申請は、精神障害についての初診日から6カ月以上経過していることが必要です。手帳申請用の医師の医療診断書を添付して申請します。市町村を窓口として、都道府県知事に申請します。

申請された書類は、各都道府県の精神保健福祉センターで、手帳の交付要件に該当するかどうか、該当する場合はその障害等級（1～3級）が審査・決定されます（図表2）。

　障害者職業総合センターが行った調査（平成22年）では、この手帳を新規に申請した者の97.7％に手帳が交付されています。

図表2　精神障害者保健福祉手帳の障害等級（精神保健福祉法施行令第6条）

等級	障害の程度
1級	日常生活の用を弁ずることを不能ならしめる程度のもの
2級	日常生活が著しい制限を受けるか、又は日常生活に著しい制限を加えることを必要とする程度のもの
3級	日常生活若しくは社会生活が制限を受けるか、又は日常生活若しくは社会生活に制限を加えることを必要とする程度のもの

イ．手帳所持者の障害の種類

　上記センターの調査では、手帳の新規交付件数のうち統合失調症が38.3％、気分障害（うつ病、そう病、そううつ病）が32.5％を占め、この2つで全体の7割になっていました。それ以外では、認知症、認知症以外の症状性を含む器質性精神障害（高次脳機能障害など）、発達障害、てんかんなどがそれぞれ4～6％程度を占めていました。

ウ．手帳の更新

　手帳は2年に1度更新手続きがあります。この際に、手帳の障害等級が変更されたり、手帳非該当になる事例もあります。前述の障害者職業総合センターが行った調査では、診断書により更新手続きを行った者のうち、障害等級が上がったものが8.3％、障害等級が下がったものが5.1％、手帳が非該当になったものが0.7％となっていました。

エ．精神障害者保健福祉手帳交付台帳登録数

平成27年度末現在の精神障害者保健福祉手帳交付台帳登載数（有効期限切れを除く）は863,649人で、前年度に比べ59,996人（7.5％）と大幅に増加しています（図表3）。

図表3　精神障害者保健福祉手帳交付台帳登録数の年次推移
(単位：人)　　　　　　　　　　　　　　　　　　　　　　　　　　　各年度末現在

		平成23年度(2011)	24年度('12)	25年度('13)	26年度('14)	27年度('15)	対前年度	
							増減数	増減率(％)
精神障害者保健福祉手帳交付台帳登載数（有効期限切れを除く）		635,048	695,699	751,150	803,653	863,649	59,996	7.5
	1級	95,711	101,758	105,376	108,557	112,347	3,790	3.5
	2級	394,283	430,516	460,538	488,121	519,356	31,235	6.4
	3級	145,054	163,425	185,236	206,975	231,946	24,971	12.1

(出典：厚生労働省『平成27年衛生行政報告例』)

このデータにより、手帳所持者が年々大幅に増加していることがわかります。増加の理由は、うつ病など精神疾患の患者が増加していること、手帳制度がしだいに関係者に周知され、手帳を申請しようとする人が増加していることによると考えられます。

④ 精神疾患（病気）と精神障害との関係 ▶▶▶▶▶▶▶▶▶▶▶▶▶▶▶▶▶▶▶▶

ア．現在では、病状が変化するものも障害ととらえるのが一般的

従来は、「治療により回復するのが病気、治療してもそれ以上は回復せず固定しているのが障害」という考え方もありました。現在では、このような考え方は大きく変わり、国際的な保健機関などでは、次のような考え方が一般的になっています。

「病状が変動したり、回復する可能性のあるものであっても、一定期間以上、日常

生活や移動、対人関係といった具体的な課題の遂行、仕事や社会的な活動への参加といったことに制限や制約が加わっている状態は障害とみなす」

イ．疾病管理をしながら職場の配慮によりハンディを軽減することが必要

　精神障害者の雇用を考える場合に、「まず、病気をきちんと治してから勤務することを考えればよいのではないか？」、「病気が治れば障害もなくなり、精神障害者とは言われなくなるのではないか？」と考える人もいます。

　しかし、身体障害の場合、例えば、じん臓機能障害者は、定期的に病院で人工透析を受けながら勤務しています。勤務先の企業は、通院時間の確保、重労働や寒冷な職場環境を避けるなどの配慮を行います。

　精神障害の場合も、上記と同じように考えたらよいと思います。精神疾患の病状を管理し、職場の配慮によりハンディを軽減しながら働くということです。

2　気分障害（うつ病、そう病、そううつ病）

1　気分障害とは ▶▶▶▶▶▶▶▶▶▶▶▶▶▶▶▶▶▶▶▶▶▶▶▶▶▶▶▶▶▶▶

ア．気分障害の特性

　気分障害というのは、気分の浮き沈み（ゆううつ感や気分の高まり）が一定の期間、正常な範囲を超えた状態となり、それに伴い、その人の考え方や言動面、身体面などにも障害が生じたものの総称として使用されている病名です。気分障害では、周期的に病気を繰り返すことが多くあります。

　その反面、病気の時期以外は、ほぼ正常な状態となります。気分障害は職業生活上、持続的な障害が残ることが少ない疾病でもあります。

イ．気分障害にはうつ病、そう病、そううつ病がある

　気分障害には、次の3種類があります。

①うつ病

②そう病

③そううつ病

「うつ病」は、「うつ状態（精神状態・言動の落ち込み）」だけが現れるものです。一方、「そう病」は、「そう状態（精神状態・言動の高まり）」だけが現れるものです。他方、「そううつ病」は、「うつ状態」と「そう状態」の両方を繰り返すものです。

2 うつ病とは

ア．うつ病の別名は

うつ病は、「うつ病エピソード」、「反復性うつ病性障害」、「大うつ病性障害」と呼ばれることもあります。

これらは医療診断における分類方法の違いによるものです。対象従業員から会社に提出される医療診断書にも、これらの名称が記載されることがあります。

イ．うつ病の兆候は

従業員が「うつ病」になった場合、職場では、次のような兆候が現れます。
○遅刻や欠勤が増える
○仕事が滞る
○口数が少なくなる
○表情や顔色がさえない
○様々な身体の不調を訴える
○食事量が少なくなる
○自分を卑下し、「申し訳ない」といった発言・動作が見られる
○辞職をほのめかす

ウ．専門医等の受診をすすめる

職場において従業員に「うつ状態」の兆候が認められた場合には、まず、上司が個室を確保して、本人の話をじっくりと十分に聞くことが必要です。

そのうえで、当人に「うつ状態」が疑われる場合には、次のように対応しま

す。自社で産業保健スタッフ（産業医、精神医療専門医、保健師等）に委嘱していたり、これらの者を雇用している場合には、これらのスタッフに相談するようにすすめます。これらのスタッフが自社にいない場合には、外部の精神医療機関を受診することをすすめます。

エ．うつ病従業員に対する職場における当面の対応の仕方は

精神医療の専門機関から、「うつ病」と診断された場合は、主治医や産業医の指示に従い、職場が配慮する必要があります。

「うつ状態」では、むやみに激励することは本人の自責感や絶望感を強めるために禁物です。また、自責感などに関連して辞職の願いがだされることがありますが、病気が回復するまで結論を先延ばしにする必要があります。早期に結論をだすと病気がよくなってから後悔することが少なくありません。

オ．職場におけるメンタルヘルス（心の健康）対策の必要性

「うつ病」は、かかりやすさに個人差があります。しかし、すべての人がかかる可能性のある病気です。一般的にいわれている職場のメンタルヘルス（心の健康）対策が「うつ病」の発症や再発の予防に効果があるため、日頃より職場全体でメンタルヘルスの維持向上の取組みを積極的に行うことが有効です。

カ．うつ病発症の要因と具体的な防止対策

うつ病発症や再発に関連する職場の要因としては、職場の対人関係におけるストレス、長時間労働による過労や睡眠不足、人事異動（転勤、昇進、降格、職務内容の変化など）が知られています。それらがきっかけとなることを個人及び職場が認識するとともに、早め早めに対策を講じることが重要です。例えば、人事異動があった人に対しては、当人が新しい職場や仕事に慣れるまでの間、職場全体でサポートを行い、困ったことやわからないことが生じたときの相談体制を明確にするなどの対策が有効です。

③ 新型（現代風）うつ病の特性 ▶▶▶▶▶▶▶▶▶▶▶▶▶▶▶▶▶▶▶▶▶▶▶▶▶

ア．新型（現代風）うつ病とは

　最近、「新型」うつ病という名称がよく聞かれます。これは、ウイルスが突然変異を起こして生まれた新型ウイルスとは違います。症状が従来の病気とはいささか異なるうつ病という程度の意味です。ことさら「新型」といえるものではありません。うつ病という中身は昔と変わらず、その外見、すなわち症状が変わってきたのです。つまり、「現代風うつ病」というべきものです。

イ．新型（現代風）うつ病の特性は

　新型（現代風）うつ病は、従来からのうつ病と次の3点で異なっています。
①軽度の「そう状態（精神状態・言動の高まり）」が見られること。
②不安症状が強いこと。
③他罰性が強いこと。例えば、「自分がうつ病になったのは、もっぱら、会社の上司のせいだ」といったように考えるということです。
　これら3点について説明します。

㋐　軽度の「そう状態（精神状態・言動の高まり）」が見られること

　　新型うつ病の一つ目の特性は、多少活発だという程度の軽度な「そう状態（精神状態・言動の高まり）」です。通常の「そう状態」は、精神病院への入院が必要な重い症状です。新型うつ病の「そう状態」は、少し元気な程度の軽い「そう状態」です。そして、その後に「うつ状態」がきます。少し休んで、調子が戻ってきたかなと思っていると、再び軽い「そう状態」となり、再び「うつ状態」がくるのです。一見「うつ状態」と「そう状態」を繰り返しているように見えます。新型うつ病のこの状態は、「双極Ⅱ型障害」といい、治療が非常に難しいのです。うつ病とは使う薬が異なるため、うつ病の薬を使っていては回復しません。医者は本人すら気づいていないこの軽い「そう状態」を見抜かなければなりません。単なる診察だけではなかなかわからないのです。「リワーク（復職支援）プログラム」に参加していれば、その人の言動が見られるので容易に判断できます。

(イ) 不安症状が強いこと

　新型うつ病の2つ目の特性は「不安症状」が強いということです。新型うつ病は、発汗、動悸、息苦しさやパニック発作などの不安の症状で発症します。その後しばらくして、従来のうつ病の症状が現れてくるのです。これは、「職場結合性うつ病」といいます。

　真面目な会社人間タイプの人ほど、この経過をたどることが多いと感じられます。現代のうつ病にとって、不安とそれに基づく身体の症状が重要な症状になっているのです。従来のうつ病にも、不安は症状の一つとしてたしかにありました。従来は「みんなに申し訳ないことをした」と自分を責めて、自殺を企てる場合が多かったのです。しかし、今はあまり深く考えず、発作的に自殺を図る衝動的な自殺が多いのです。その背景には、非常に強い不安があるのではないかと思われます。

(ウ) 他罰性が強いこと

　新型うつ病といわれているケースの3つ目の特性は、他罰性が強いことです。一般的に、ある従業員がうつ病になった場合、次の2つの要因が重なっていると考えられます。

①**会社側の要因**

　例えば、長時間労働であったこと、上司が厳しすぎたことなど、ストレスが強く当人に及んでいること。

②**自己側の要因**

　自分の考え方、物事の判断の仕方、何かしらの問題、課題にぶつかったときの解決の仕方・乗り越え方が上手ではないなどのこと。

　しかし、その人は、自分に問題はなく、一方的に会社側が悪いと考え、主張します。なかには、会社に対して民事訴訟を起こし、損害賠償を請求する人もいます。たしかに、その人がうつ病になった要因としては、会社側がその人を働かせすぎたこともあるのでしょう。

　しかし、当人がうつ病になる要因にぶつかったときに、上手にそれを乗り

越えたり、解決する考え方や方法を身につけていないことも要因として考えられます。このような対処の仕方を身につけていないと、その人が復職したり、再就職したりした際に、同じような問題にぶつかり、うつ病が再発することになります。

上記の傾向は、うつ病患者のうち比較的若い世代に多く見られます。若い世代は年長者と異なり、自己主張が強い傾向にあります。以上のことは、現代の風潮といえるものでしょう。

さらに、他罰性の強い新型うつ病の患者のなかには、発達障害（アスペルガー症候群）の人も見られます。アスペルガー症候群の人の場合、コミュニケーション能力に障害があるため、企業組織のなかで自分のストレスの要因を周囲の人達と話し合って上手に乗り越えたり、解決したりするのが苦手であるという傾向があります（アスペルガー症候群については、222頁参照）。

ウ．新型うつ病への対応方法は

このように「新型」うつ病はいくつかの点で従来のうつ病とは症状の表現や病気の在り様が異なります。このため、単に薬と休養ではなかなかよくなりません。リワークプログラムのような治療の場で集団という仲間のなかで治っていく人も多く、心理療法が必要な場合も珍しくありません。

最近は、病院、保健所その他の医療機関、支援機関（260頁参照）でリワークプログラムが行われています。

4 そううつ病とは ▶▶▶▶▶▶▶▶▶▶▶▶▶▶▶▶▶▶▶▶▶▶▶▶▶▶▶▶▶▶

ア．そううつ病の特性

そううつ症というのは、気分の浮き沈みが、一定期間、正常な範囲を超えた状態となり、それに伴い、当人の考え方や言動に障害が生ずるものです。そううつ病の症状としては、「うつ状態（気分の落ち込み）」と「そう状態（気分の高まり）」の両方を繰り返すものです。「双極性感情障害」、「双極性障害」とも言われます。

そううつ病は再発することが多い疾患です。多くの人で症状がない時期でも再発予防の目的で継続した服薬を必要とします。そのため、定期的な通院時間の確保や職場における服薬のしやすさへの配慮が不可欠となります。

　また、再発には生活のリズムの乱れや対人ストレスなどが影響することが知られています。再発予防のためには過重労働や不規則勤務を避け、職場の人間関係に配慮する必要があります。

イ．再発した場合の職場の対応は

① 「うつ状態（精神状態・言動の落ち込み）」で再発した場合は、前述の②うつ病で説明したことに準じて対応します。
② 他方、「そう状態（精神状態・言動の高まり）」で再発した場合には、例えば、次のような兆候が見られます。
　○日頃とは異なる快活さや誇大的な言辞
　○尊大な態度
　○会話や行動の量の増加

　これら「そううつ病」再発の兆候をいち早くキャッチし、早めの薬物療法や生活指導を行うことが重症化を防ぐ最も有効な手立てとなります。しかしながら、「そう状態」の初期においては、本人は快調と感じて自らの病状変化に気づかないことも多くあります。本人や家族よりも、職場の上司や同僚がいち早くその変化をキャッチすることも稀ではありません。

　再発の兆候に気づいた場合は、まずは上司や信頼関係のある同僚がプライバシーに配慮しながら本人の話を十分に聞いたうえで、こちらの心配を率直に伝え、早めに主治医の診察や自社の産業保健スタッフ（産業医、精神医療の専門医、保健師等）への相談をすすめる必要があります。

3 統合失調症

1 統合失調症の特性 ▶▶▶▶▶▶▶▶▶▶▶▶▶▶▶▶▶▶▶▶▶▶▶▶▶▶▶▶▶▶

ア．ポイントは

統合失調症は、若い世代で発症することが多く、幻聴や妄想のほか、感情表現が乏しくなるなどの傾向が現れます。

イ．統合失調症の病名、患者の状況は

「統合失調症」は、以前は「精神分裂病」と呼ばれていました。しかし、精神が分裂していて何をするかわからない怖い病気といった間違った印象を与え、病名そのものが差別や偏見を助長する一因となっていたため、平成14年に現在の病名に変更されました。「統合失調症」及びそれに類する疾患は、精神病入院患者の6割、同通院患者の4分の1を占めており、精神科医療の主要な対象疾患となっています。また、日常生活や職業生活に支障をきたす人も多いため、福祉的就労支援の対象となることが多い精神疾患でもあります。

ウ．統合失調症の発症年代、特性は

①**若い世代で発症することが比較的多く見られる疾患**

統合失調症患者のうち、大多数の人が15歳から35歳の間で発症します。そのなかでも、10歳代後半から20歳代前半に発症のピークがあります。学生時代あるいは社会人として門出を迎えた直後の発症は、その後の人生に少なからず影響を与えることになります。

また、一生のうちにこの疾患にかかる確率は1％弱とされており、およそ100人に1人がかかる比較的よくある疾患といえます。性別によるかかりやすさの違いはほとんどありません。

②**はっきりとした原因は不明であるが、脳に機能障害が生じているため薬物を用いた治療を必要とする**

原因については諸説がありますが、未だ確定していません。しかしながら、

脳の神経細胞間の情報伝達役である「神経伝達物質」の伝達が過剰であったり低下したりすることが、様々な症状を引き起こすことが徐々に明らかになりつつあります。

　治療では、これらの機能異常を調整する作用を持つ「抗精神病薬」という薬が中心的役割を果たします。

③様々な特徴的な症状が出現する

　症状には、健康であれば見られない症状が現れる「陽性症状」と健康な精神機能が低下したり失われたりすることによる「陰性症状」があります。

　「陽性症状」の主なものとして、実在しない人の声が聞こえる「幻聴」や実際にはあり得ないことを信じ込む「妄想」があります。「幻聴」の内容は、自分の悪口や噂話、命令などが多く、「妄想」では、他者から危害を加えられるなどの「被害妄想」や自分が偉大な人物と思い込む「誇大妄想」が見られます。それ以外にも、「自分の考えが人に伝わっているように思える」、「自分の行動が他者に操られていると感じる」、「話にまとまりがなく、何を言おうとしているのか理解できない」などの症状が現れることがあります。

　「陰性症状」は、「喜怒哀楽などの感情表現が乏しくなる」、「意欲や気力が低下する」、「会話が少なくなり、その内容も空虚になる」、「他者との関わりを避けてひきこもる」などがあります。

　一般的に「抗精神病薬」は、「陰性症状」よりも「陽性症状」により効果を発揮する傾向があります。

④発症前と比較して社会機能や職業機能が低下する

　統合失調症患者は日常生活や職業生活において、「複数のことを同時にこなす」、「臨機応変に融通をきかせる」、「新しい事態に今までの経験を応用する」などの器用さが乏しくなります。また、対人関係においても、「相手の気持ちや考えを察する」、「その場にふさわしい行動をとる」など気をきかせることが苦手になります。これらは、「認知機能障害」という脳の障害により起こると考えられています。「認知機能」とは、記憶力や注意・集中力、物事を計画する能力、問題を解決する能力、抽象的な概念を作り上げる能力

などのことです。これらの障害は、症状が消失した後も持続する傾向にあります。

⑤経過は人により様々

長期的に見れば、半数またはそれ以上の人が、治ゆに至るか、または軽度の障害を残すのみとなります。しかしながら、症状がなかなか改善せずに重度の障害が残る人が一定程度いることも事実です。

② 統合失調症についての職場の配慮ポイント ▶▶▶▶▶▶▶▶▶▶▶▶▶▶▶▶

ア．ポイントは

統合失調症の従業員については、定期的な通院時間の確保や服薬しやすい職場環境づくりなど治療継続に対する配慮が必要です。

イ．服薬継続に対する配慮とは

「抗精神病薬」による治療により、幻覚や妄想などの症状がいったん改善しても、薬を止めてしまうと数年のうちに60～80％の人が再発しています。しかしながら、症状が改善した後も「抗精神病薬」を継続すると、再発率が減少することが知られています。そのため、症状が改善した後も、ある程度の期間、服薬を続ける必要があります。

仕事ができるまでに症状が改善した人についても、このことは当てはまります。医師の指示に従って服薬を継続することが就労を維持するうえで最も重要なことといえます。

ウ．社会機能や職業機能の障害に対する配慮とは

上述したように、症状が改善した人においても種々の社会機能や職業機能の低下が見られることがあります。それらの特徴とその程度は人により様々ですが、職場で問題となりやすいものとして次の①～⑭のことがあります。
①体力や持続力が乏しい。
②細かな指先の動作が苦手で作業速度が遅い。

③生真面目さや過緊張のため疲れやすい。
④注意や集中力が持続せず、ミスをだしやすい。
⑤同時に複数のことをこなすことが苦手である。
⑥仕事の段取りをつけるなど全体把握が苦手である。
⑦明確な指示がないと仕事が滞るなどあいまいな状況で困惑する。
⑧融通や機転がきかず、手順や流儀の変更が難しい。
⑨経験を他の場面に応用することが苦手である。
⑩新しい職場環境や仕事内容に不安を覚え、適応までに時間がかかる。
⑪上司や同僚の評価に敏感で、注意や指摘を過度に気にする傾向がある。
⑫依頼を断ることや頼むことが苦手である。
⑬相手の立場に立って考えるなど視点の転換が苦手である。
⑭失敗により自信を失いやすい。

　これらの特徴が明らかな場合でも、仕事の内容を考慮し、職場の対応を工夫することにより、職場適応を大幅に改善することができます。さらに、これらの障害特性に配慮することは、職場でのストレスを軽減することにもつながり、再発予防に対する効果も期待できます。

4　てんかん

1　てんかんの特性

ア．てんかんとは

　てんかんは脳の病気で、発作を伴います。てんかん発作は、全身がけいれんするもの、意識のあるもの、意識を失ってしまうものなど実に多くのタイプが見られます。

　てんかんは10歳くらいまでの小児期と高齢者が多く発症する病気ですが、20歳代から60歳代の人まで一定の割合で発症します。おおよそ100人に1人がてんかんを持っているといわれています。

イ．てんかん発作の誘因は

てんかん発作の誘因は、図表4のようなことです。

図表4　てんかん発作の誘因

```
1．睡眠不足、覚醒・睡眠の乱れ
2．体温上昇（高熱とは限らない）
3．精神生活上の問題：ストレスや過度の緊張あるいは緊張感の欠如
4．身体的な問題：疲労、不得手な運動、急激な運動
5．抗てんかん薬の急激な変更や中断
```

ウ．てんかん発作のタイプは

てんかん発作は、脳の神経が一時的に激しく活動することにより起こるものです。てんかんの発作はこの過剰な活動のはじまり方から大きく2つに分類されます。一つは過剰な活動が脳の一部からはじまるタイプで"部分発作"といいます。もう一つは、発作のはじまりから脳全体が過剰な活動に巻き込まれるタイプで"全般発作"といいます。

エ．てんかんの医療診断のポイントは

てんかんの医療診断で最も重要な情報は発作症状です。しかし、医師が直接発作を診る機会はほとんどありません。このため、発作を見ていた人の情報が診断上きわめて重要です。

てんかん発作にあったら、周囲の人は冷静に観察する心構えが必要です。医療診断のための検査は、脳の機能を調べる検査として脳波検査も重要です。脳内の原因、構造の異常を探るための検査としてMRIも重要です。

オ．てんかんの治療方法は

てんかんは治る病気です。てんかんの治療の基本は、「抗てんかん薬」による薬物療法です。

薬は発作のタイプに従い選択されます。最初の薬が効かない場合には2番目の薬を選択します。3番目までの薬で、70～80％の人の発作が止まります。それでも止まらない人は、外科的治療の可能性がないか検査することが推奨されています。

カ．てんかん患者の合併症は

てんかん患者のなかには、てんかん発作以外の症状を持つ人もいます。

てんかん患者の約2割の人が、気分障害（うつ病、そううつ病）や不安障害（神経症）などの精神症状を合併します。また、記憶障害、注意障害、遂行機能障害などの高次脳機能障害を合併することも少なくありません。

② てんかん患者についての職場の安全確保の注意点 ▶▶▶▶▶▶▶▶▶▶▶▶

ア．職務上の安全管理

従業員がてんかん患者である場合には、その人のてんかん発作の特徴と業務内容をマッチングさせることが重要です。

①てんかん発作の特徴

　a　起こりやすい状況があるか：睡眠不足、アルコール摂取、過労、夕方など疲労がたまった頃、光過敏など

　b　発作症状：前兆（単純部分発作）、意識、転倒、自動症、全身けいれんの有無など

　c　発作頻度：発作が止まっている、年数回発作が起きる、月数回起きるなど

②業務内容、作業環境

次の業務には、従事させないようにしてください。

　a　火など高温の物を扱う、先端や縁の尖ったものや、むき出しの機械、産業用自動車などの操作を伴う業務

　b　高所での作業、流れ作業などを行うもの

イ．てんかん発作時の周囲の対応

てんかん発作の種類ごとに図表5の①〜⑥のように異なる対応をとることが必要です。

図表5　てんかん発作のタイプと周囲の配慮ポイント

てんかん発作のタイプ	周囲の配慮ポイント
①意識があり、行為も保たれている発作	○様子を見ているだけでよい。
②行為が途絶えるが、倒れない発作（意識の有無を問わない）	○基本は様子を見る。 ○転倒防止のために、周囲に危険なものがある場合には遠ざける。
③転倒する発作（意識の有無を問わない）	○上記②と同じ配慮をするとともに、作業環境を工夫する（一人での作業を避ける。座位での仕事で肘掛イスを使うなど）。
④意識障害があり、自動症（その場にそぐわない行動）をとる発作	○基本は、自動症を制するのではなく、静かに見守りながら、危険物をどかす。 ○どかすことが困難な場合には静かに危険物から遠ざける。外力が不意で、大きいと抵抗を誘発しかえって危険をもたらすことがある。静かで優しい介入を心がける。
⑤全身のけいれん発作	○発作の最中に舌を咬んだとしても、窒息の危険はない。 ○発作中に口を無理にこじ開けて指や箸などを挿入するのは不必要だけでなく、危険なので行ってはいけない。 ○頭の下に上着などクッションになるものを入れる。なかったら足を首の下に入れるなどして、ケガをしないよう配慮するとともに、発作の最中でも、眼鏡、ヘアピンなどケガをする可能性のあるものを外す。 　発作の後は、嘔吐して肺に吐物が入るのを予防するために、体を横に向け（膝を曲げて肩をおこすと横に向けやすい）、意識が回復するまでそのまま静かに寝かせておく。

⑥発作が終わった後は	○発作後、もうろうとしていたり、寝てしまう場合には、完全に元の状態に戻るまで休ませ、普段と同じ状態に戻ったら、元の業務に戻って構わない。 ○頭を打った場合、直後に問題はなくても最低1時間は、意識の状態やマヒの有無など様子を慎重に観察する。

5 不安障害（神経症）

1 不安障害（神経症）の種類、特性等 ▶▶▶▶▶▶▶▶▶▶▶▶▶▶▶▶▶▶▶▶▶

ア．不安障害とは

不安障害とは、精神的な葛藤や日常生活上の様々なストレスなどの心の重圧により、精神的あるいは身体的な症状が引き起こされた障害のグループ名をいいます。不安障害の症状は不安や恐怖など日常経験するものの延長線上にあるものです。幻覚や妄想などの重篤な症状が出現することはありません。

イ．不安障害の名称

不安障害は、従来は神経症と呼ばれていました。現在では、グループ名として不安障害とよばれるか、あるいは図表6の個々の名称で呼ばれています。

ウ．不安障害の種類は

不安障害の種類には図表6のものがあります。これらのうち、パニック障害と外傷性ストレス障害（PTSD）は、最近よく聞かれる障害名です。

図表6　不安障害の種類

①パニック障害 ②心的外傷後ストレス障害（PTSD） ③過換気症候群 ④解離性障害（従来のヒステリー） ⑤社会恐怖症（従来の対人恐怖症、赤面恐怖症）

⑥広場恐怖症
⑦強迫性障害
⑧身体表現性障害

エ．不安障害によるパニック発作時の症状

　不安障害は、一般的に、統合失調症や気分障害などと比べて軽症であることが多いです。不安障害に伴うパニック発作時の症状、パニック発作のタイプは、図表7、8のとおりです。症状により職業生活に支障が生じることはあっても、仕事の責任感や関心を失うことはありません。また、通常は、自己の状態が病的であるとの自覚もあります。

図表7　不安障害に伴うパニック発作で現れる症状

1　**動悸・息切れ、発汗、ふるえ、口の渇き**
　〇心臓が破裂する、口から飛び出す、わしづかみにされる、と感じる
　〇冷や汗をかき、理由もなく不吉な感覚を生む
　〇手足や体がふるえる、ガクガクと動く
　〇口の中がザラザラ、ヒリヒリとして渇く

2　**過呼吸、胸痛、腹部の不快感、吐き気、便意・尿意**
　〇呼吸の仕方がわからない
　〇息がつまる、吸えない、窒息しそうになる
　〇胸（心臓）が痛い、胸部の不快感
　〇おなかの中がぐちゃぐちゃになる感じ
　〇吐き気、腹部の不快感
　〇排便や排尿をしたくなる

3　**めまい、恐怖、離人症状・現実感喪失**
　〇頭がふらふらして失神しそうになる
　〇気が変になりそうになる、恐怖感をコントロールできない
　〇死んでしまうのではないかと恐怖を感じる

4　**熱感・冷感、しびれ、筋緊張、脱力、身体感覚の鈍磨**

○胸や体がカーッと熱くなる。逆に冷たくなる
○手足や体のしびれ、うずき感
○筋肉がかたくなり、体が動かしにくい、肩がこる
○腰がぬける、足に力が入らない
○体が重い布でおおわれた感じ

図表8　不安障害に伴うパニック発作には3タイプある

　パニック発作には、誘因（引きがねになるもの）があるかどうかで、次の①～③のタイプに分かれます。どのような状況で起こったのかを知ることは、病気を見きわめるために重要です。
①ときや場所を選ばず、不特定な状況で起こるタイプ
　（パニック障害の発作）
②特定の状況に限って起こるタイプ
　（恐怖をいだいている対象に直面したり、それを予期して緊張が高まったときなど、特定の状況で起こる。これを「状況結合性パニック発作」といい、恐怖症やストレス障害などに見られる）
③①と②の中間で、特定の状況で起こりやすいが、起こらない場合もあるタイプ
　（状況に依存しやすいパニック発作）

オ．不安障害の治療方法

　「不安障害」は、主観的には不安や恐怖などの苦痛を感じるものです。しかし、客観的に見れば現実生活における適応障害の要素があり、生活への再適応を支援することが治療の重要な要素となります。
　治療は「精神療法」に加え、「抗不安薬」や「抗うつ薬」などによる「薬物療法」が行われます。
　また、発症の原因となった環境要因があれば、その調整を行うことも重要です。「精神療法」というのは、病気による考え方の"ゆがみ"を直したり、不安や恐怖をとりのぞいたりするもので、薬ではできない心理面の治療をするものです。医師や臨床心理士がカウンセリングを中心にして導いていきます。

2 不安障害についての職場の配慮ポイント ▶▶▶▶▶▶▶▶▶▶▶▶▶▶▶▶▶▶

ア．ポイント

　その疾患や症状の特徴を理解したうえで適切に対応し、本人に安心感を与えるようにすることが必要です。

イ．周囲からの支援対象になることは少ない

　不安障害では、本人の苦痛や生活適応の問題が生じます。しかし、「統合失調症」や「気分障害」（うつ病、そううつ病）で見られるような社会機能や職業生活の低下をきたすことは稀です。そのため、症状を抱えつつも、それなりに社会生活や職業生活を営んでいる人も多く、福祉施策や就労支援の対象となることは少ない疾患といえます。

ウ．発症時の対応

　しかし、症状出現に伴い、職場の対人関係や業務の遂行に支障が生じる場合もあります。このため、職場の上司や同僚が疾患や症状の特徴を理解したうえで適切に対応することが、本人の安心感にもつながり、結果として職場適応を助けることになります。

エ．不安障害に伴うパニック発作時の対応

　例えば、職場で「パニック発作」が生じた場合、症状が激しくても比較的短時間で治まることが予想されます。このため、周囲が大騒ぎせずに休憩室や保健室などに誘導して休ませることが適切な対応といえます。職場において問題となる症状があるときは、本人と職場の上司・同僚との間で症状出現時の対応について話し合いを持つことが望まれます。また、職場の産業保健スタッフ（委嘱している産業医、保健師など）に疾患の理解や対応の仕方について助言を求めることも検討に値します。

オ．不安障害には職場での調整を

　不安障害の発症には、職場の対人関係や役割葛藤などの職場の問題が関係する場合があります。このため、本人の悩みを傾聴し、職場に由来する問題があれば、可能な職場調整を行うことも有効です。

3　パニック障害とは ▶▶▶▶▶▶▶▶▶▶▶▶▶▶▶▶▶▶▶▶▶▶▶▶▶▶▶▶▶▶▶▶

　パニック障害の病気のはじまりは、理由もなく不意に起こるパニック発作です。突然はじまる激しい呼吸困難、動悸、めまいにより、本人は「このまま死ぬのではないか」と不安や恐怖にかられます。しかし、症状は長く続かず30分程度でおさまります。パニック障害によるパニック発作の特徴は図表9のとおりです。

　消えない不安が「予期不安」や「広場恐怖」を生みます。

　パニック障害は、図表10のような経過をたどります。パニック障害の原因は、脳の機能障害のため誤った指示がでて、パニック発作を起こすということです。

　パニック障害は、なぜ起きるのかの疑問を解くカギは脳にあります。脳内の危険を察知する装置が誤作動を起こし、間違った指示をだす、脳の機能障害による病気という説があります。

図表9　パニック障害によるパニック発作の特徴

①理由もなく、不意に起こる
②繰り返し起こる
③検査をしても、体の異常は見つからない
④1日24時間、夜でも昼でも起こる可能性がある

図表10　パニック障害によるパニック発作がたどる経過

①不意にパニック発作が起こる 　状況や場所には関わりなく発作が起こる 　　　　　↓
②発作が、特定の状況や場所に結びついたものになる

発作体験と発作が起こった状況や場所を結びつけ、緊張感を高めて、自ら発作が起こりやすい状況をつくってしまう（状況結合性パニック発作）
↓
③予期不安を持つようになる
　発作の回数は減っていくが、発作経験は頭から離れず不安がつのる
↓
④回避行動
　発作が起こりそうな場所や状況を避ける
↓
⑤広場恐怖を持つようになる
↓
⑥人との接触を避けるようになる
　人前でとり乱し、恥ずかしい思いをすることを恐れる（二次的対人恐怖症）

　パニック障害は、薬物療法と精神療法（カウンセリング、認知行動療法、自律訓練法）を併用して治療を行います。

4　心的外傷後ストレス障害（PTSD）とは ▶▶▶▶▶▶▶▶▶▶▶▶▶▶▶▶▶▶

ア．心的外傷後ストレス障害（PTSD）の特性

　心的外傷後ストレス障害（PTSD）は、恐怖体験が心（脳）に衝撃を与え、元に戻せない傷をつくることによるものです。戦争、災害、レイプ、交通事故など生命にかかわるような恐怖体験がトラウマとなり、後遺症に苦しむのがPTSDです。

　PTSDの研究は、ベトナム戦争のあとに進みましたが、まだ歴史が浅く、誤解も多い病気（障害）です。

イ．どのようなトラウマ体験がPTSDにつながるか

　図表11のようなトラウマ体験がPTSDにつながる恐れがあります。

図表11　PTSDにつながる恐れのあるトラウマ体験

> PTSDの診断では、生命をおびやかすほどの強い体験で、恐怖感、無力感、戦慄などの反応があるかどうかを見ます。
>
> ○自然災害（地震、津波、台風、洪水、火事などの被害。その後の避難生活）
> ○暴力・犯罪（家庭内暴力、強盗・傷害・殺人、レイプなどの性犯罪など）
> ○虐待、いじめ
> ○事故（交通事故、転落・転倒など）
> ○戦争（捕虜になり拷問を受けるなど）
> ○喪失体験（家族や親しい人の死、家屋の倒壊など）

ウ．PTSD発症にかかわる因子とは

　トラウマ体験は、たしかに当人にとって大きなストレスとなります。しかし、トラウマ体験者が必ずしもPTSDを発症するとは限りません。図表12のプラス因子、リスク因子のように、当人のストレス耐性や発症をおさえる力を持つかどうか、身近な人の支えがあるかも影響します。

図表12　PTSD発症にかかわるリスク因子とプラス因子

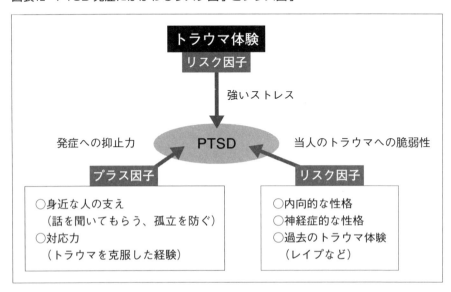

エ．PTSDの発症過程

　PTSD症状の特徴（図表13）が1カ月未満で終わるのであれば急性ストレス障害（ASD）です。この場合には、解離症状が見られます。解離症状というのは、トラウマの苦しさや悲しみを受け止めきれず心が固まったようになる状態です。感情や現実感が失われ、表面的には平然として見えます。

　さらに特徴的な3タイプの症状（図表13）が1カ月以上続き、生活に支障がでていれば、PTSDの状態です。

図表13　PTSDの3タイプの症状

症状のタイプ	症状の内容
①再体験症状	トラウマとなった出来事を、再体験する症状です。そのときの不快で苦痛な記憶が、フラッシュバックや夢の形で繰り返しよみがえります。 特に強烈なのは「解離性フラッシュバック」で、その出来事を「今、現在」体験している状態になります。意識は現実から離れ、周囲が話しかけても反応しない場合もあります。
②回避・マヒ症状	トラウマ体験と関連する事柄（場所、行動、思考、感情、会話など）を避けます。また、体験そのものを思い出すことができなくなります。 苦痛が起こりそうな場面を避けるため、活動の範囲がせばまり、感情もマヒしたようになって、愛情や幸福感を感じにくくなるなど、心の変化が生まれる場合もあります。
③覚醒亢進症状	精神的な緊張が高まり、常にピリピリしているような状態になります。よく眠れない、イライラと怒りっぽくなる、物事に集中できない、警戒心が強くなる、ちょっとした物音などの刺激にもひどく驚く、といった状態になります。

オ．PTSDの治療方法は

　PTSDへの治療では、薬は症状をやわらげるために使います。これにあわせて、精神療法（カウンセリング、認知行動療法、対人関係療法）による治療を行います。

5　過換気症候群とは ▶▶▶▶▶▶▶▶▶▶▶▶▶▶▶▶▶▶▶▶▶▶▶▶▶▶▶▶▶▶

ア．過換気症候群の特性

　過換気とは、精神的な不安や極度の緊張などによって、血中の二酸化炭素が排出され、血液がアルカリ性になることによって生じる症状のことです。このため、しびれ、けいれん、意識混濁などの神経・筋肉症状が起こります。ただし、日常生活での発症では、精神的な不安や心因性反応（ヒステリー）の場合がほとんどです。若年者や女性で精神的ストレスを受けやすい人によく見られ、男女比は1対2といわれています。

イ．過換気症候群の症状

　当人の自覚症状としては、呼吸困難や目まい、動悸を訴えます。過換気が起こると指先や口周囲のしびれ感、テタニー（筋の被刺激性が亢進した状態）、不穏興奮状態、意識混濁が現れてきます。

ウ．過換気症候群についての職場の配慮ポイント

　過換気症候群は、当人が、呼吸の速さと深さを意識的に調整すれば2～3分で治まります。このため、当人を安静・休息にし、必要があれば抗不安薬を内服させます。発作を繰り返す場合は、安定期に心理療法、行動療法を行うことが推奨されています。

6　精神障害者についての合理的配慮指針に基づく配慮事例

1　募集・採用時の配慮事例 ▶▶▶▶▶▶▶▶▶▶▶▶▶▶▶▶▶▶▶▶▶▶▶▶

(1) 面接時に、就労支援機関の職員等の同席を認めること。

　精神障害者は、統合失調症や気分障害（うつ病、そううつ病）、てんかん等の様々な精神疾患が原因となって起こります。原因となる疾患によって、それぞれの障害特性や必要な配慮が異なっています。したがって、精神障害者の方

と面接官の意思疎通を助け、また、精神障害者の方の障害特性等を面接官に知ってもらうために、面接時に就労支援機関の職員等の同席を認めている事例があります。

○同席者の例
・ハローワークの職員
・障害者職業センターの職員
・障害者就業・生活支援センターの職員
・ジョブコーチ
・本人の出身学校の職員
・障害者福祉施設の職員
・障害者を支援するNPO法人の職員

○同席者の役割の例
・障害特性や支援内容の説明

(2) **その他の配慮。**

精神障害者の方に対する募集及び採用時のその他の配慮としては、以下の事例があります。

○他の社員が出入りしない個室の会議室で面接を実施した。
○集団面接を免除した。
○支援機関の職員から事前に本人の障害特性を確認しておき、面接時に本人に過度な負担がかからないように配慮した。
○書面により必要な説明を行った。

2 採用後の配慮事例 ▶▶▶▶▶▶▶▶▶▶▶▶▶▶▶▶▶▶▶▶▶▶▶▶▶▶▶▶▶▶▶

(1) **業務指導や相談に関し、担当者を定めること。**

障害者が円滑に職務を遂行するために、業務指導や相談に関し企業内の様々な立場の人を担当者として選任している事例があります。担当者を定めることにより、障害者が働く上で支障となっている事情を互いに認識し、その支障となっている事情の解決のためにはどのような配慮が適切かといった相談に対応することができます。

○担当者の例

- 社長、施設長、常務等の組織の管理者
- 総務部等の人事担当者
- 就業場所の責任者
- 本人の上司
- 本人の同僚
- 本人と同世代、同性の者
- 本人と同じ障害のある先輩社員
- 定年退職後の再雇用社員
- 衛生管理経験者
- 社内のジョブコーチ資格保有者
- 障害者職業生活相談員
- 新人担当のチューター(障害特性について指導した上で)

(※)本人が職場に直接相談しにくい場合に、障害者就業・生活支援センターの職員が対応した例があった。

○担当のあり方の例
- 複数の者から指示すると本人が混乱するため、担当者のみが指導を行う。
- 日頃の業務指示とは別に、指導をしなければならない場面では決められた担当者のみが行うこととしている。
- 業務指導を行う者(現場の上司等)と相談対応を行う者(人事担当者等)を分けている。
- 店舗等責任者が組織の上長(本部長等)に連絡を行い、全体的な配慮の指示を仰いでいる。
- 採用当初は担当者が指導し、本人が軌道に乗れば先輩の障害者と一緒に仕事を行うこととした。

○指導・相談の仕方の例
- 定期的に本人と面談したり日誌交換を行いながら、仕事の悩みや体調等について把握したり、仕事のフィードバックを行うようにしている。
- 直接相談しにくい内容も相談できるよう、相談用紙と投函する箱を設置している。

○社内カウンセラーや保健師、精神保健福祉士、社会福祉士等を配置し、定期的なカウンセリングやメールによる相談対応を実施している。

(2) 業務の優先順位や目標を明確にし、指示を一つずつ出す、作業手順を分かりやすく示したマニュアルを作成する等の対応を行うこと。

　精神障害者の方の中には、曖昧な状況にストレスを感じやすく、また、工夫・応用が苦手な方もいます。そのような方に対しては、作業の流れや手順を決めて、できるだけ具体的かつ簡潔な指示を出すような配慮を行っている事例があります。

○業務の優先順位を明確に示している例
・毎日作業内容が変わることから、次にやるべき仕事、いつまでに終わらせるかなど細かい内容について、その都度指示している。
・ホワイトボード等により個人別にその日や週ごとの作業を掲示している。
・業務の優先順位に迷っている場合には、上司に確認するようにしている。

○目標を明確にしている例
・本人の能力や到達に沿った業務目標を設定している。
・毎日、その日の作業内容や範囲、所要時間などを指示している。

○一つの作業の終了を確認した後に次の指示を出すなど、業務指示は一つずつ行うようにしている。

○マニュアルの作成等により本人が仕事の内容を理解しやすくしている例
・作業手順や方法について、写真等を活用したマニュアルを作成したり、目につきやすい箇所に掲示している。
・使用する機械に番号を貼り付ける、清掃箇所により使う用具を色分けすること等によりわかりやすくしている。
・他の社員も使用しているマニュアルをポケット等に入れられるカード型にし、いつでも本人がチェックできるようにしている。

○マンツーマンによる指導や、手本や見本を示しながら指導することで、本人にわかりやすく業務内容を教えている。

○ジョブコーチや障害者就業・生活支援センター、障害者職業センターの職員の助言を受けながら、効率的な作業方法について本人に伝達している。

○できるだけ担当者のそばで作業してもらうようにしている。

○作業指示に際して、メモをとるよう指導している。

○新しい仕事を依頼する場合は、事前に伝えて心の準備をしてもらっている。

(3) 出退勤時刻・休憩・休暇に関し、通院・体調に配慮すること。

個々の障害者の障害特性によっては、通常の時間に出勤することが困難であったり、体調に波があることや通院・服薬を要することがありますが、その場合は個々の障害者の状況に合わせて適切な配慮を行うことが必要です。例えば、精神障害者の方は心身が疲れやすい傾向があるため、短時間勤務から始め、徐々に勤務時間を延長していく等の事例があります。

○出退勤時刻に関し、通院・体調に配慮している例
　・通勤ラッシュを避けられるよう、出退勤時間を決めている。
　・１人のほうが落ち着いて作業ができるという申出があったため、出退勤時間を１時間早めている。

○休憩に関し、体調に配慮している例
　・規定の休み時間以外にも休憩を認めている。

○休暇に関し、通院・体調に配慮している例
　・通院日には休暇を認めている。
　・できるだけ連続勤務とならないようにするなど、本人の負担とならないよう勤務日や勤務時間を調整している。
　・体調不良時の欠勤連絡は緊張が伴うとのことなので、本人の担当者に個別に連絡してもよいこととしている。
　・長期欠勤後の復帰の際は、面談を行い、欠勤をマイナスと捉えないよう精神面のケアを行っている。

○その他、労働条件・職場環境等に関し、通院・体調に配慮している例
　・短時間勤務を認め、徐々に勤務時間を延ばしていくようにしている。
　・残業や夜間の業務は控えてもらっている。

(4) **できるだけ静かな場所で休憩できるようにすること。**

　精神障害者の方の中には、新しい環境に対して不安を感じやすかったり、きまじめで手を抜けず、常に緊張感を持ち続けて頑張りすぎたりしてしまう方もいます。このような方には、できるだけ静かな場所で休憩できるようにしたり、本人の希望も聞きながら一人になれるような場所を用意したりするというような配慮を行っている事例があります。

○休憩時間を一人で過ごしたいという本人の意向により、静かに休憩できるようにしている。
○一人で休憩できるよう、本人の希望に応じて、従来の休憩場所以外の休憩場

所を確保（会議室の開放等）したり、休憩時間をずらしたりしている。
○本人がリラックスできる自由な場所（車の中、外出等）での休憩を認めている。
○休憩室に簡易ベッドを置くなど、横になって休めるようにしている。

(5) **本人の状況を見ながら業務量等を調整すること。**

前述のように、精神障害者の中には、緊張が強く、また何事にも手を抜けず頑張りすぎてしまう方もいます。このような特性を踏まえ、援助担当者が本人の負担や体調に配慮して、業務量等を調整するといった事例があります。
○本人の状況や業務の習熟度に合わせて業務量を増やしていく。
○過集中の傾向があるため、業務内容を段階的に増やしていった。
○業務内容・量の変更をせずパターン化して、本人が混乱しないようにしている。
○無理なノルマを課さない、期限の定めのある業務は控えてもらうなど、本人のペースで業務を行ってもらい、過度な負担を感じないように配慮している。
○本人の障害特性を考慮し、苦手なことに配慮した上で、業務を担当してもらっている（人との接触の少ない業務を担当してもらう、電話応対を免除する、単純な作業（社員の補助業務や反復作業等）から開始して徐々に複雑な作業に移行してもらうなど）。
○生活リズムを崩さないよう、当直のシフトは控えてもらった。
○業務量が多い場合は他の部署の社員がフォローに回ったり、苦手な作業については担当者がそばについてサポートしている。
○入社後3ヵ月かけて職場適応してもらってから新入社員教育に参加してもらった。
○業務量や作業内容の変更の際に考慮していることの例
　・本人が業務上困ったり迷ったりしていないか、定期的な声かけや日誌により確認し、業務量を調整している。
　・業務量を増やすときは、ジョブコーチなどの専門支援期間の助言を聞くようにしている。

(6) **本人のプライバシーに配慮した上で、他の労働者に対し、障害の内容や必要な配慮等を説明すること。**

障害者がその能力を発揮し円滑に職務を遂行するためには、本人のプライバ

シーに配慮した上で、障害者の障害特性や、その方が働くに当たってどのような支障を感じているか、どのような配慮が必要かといったことについて周囲の理解を得ることが望まれます。合理的配慮の提供は、法律上は事業主に課せられた義務ですが、周囲の人々も、各自でできる配慮をしていくことが望まれます。

〇（本人の希望を踏まえて）説明をする相手の例
・人事担当者
・指導担当者
・本人と一緒に働く社員

〇（本人の希望を踏まえて）説明する内容
・具体的に配慮が必要な事柄や仕事上関係する障害特性について
・体調不良になった際の初期動作、連絡体制、倒れた際の誘導などについて
・対応上のポイント（コミュニケーションが苦手であることを踏まえて接してほしいことや、疲れやすいためフォローしてほしいこと、危険が及ぶ業務は必ず2人で行うこと等）について
・精神障害があることや必要な配慮のみを説明し、具体的な病名は説明しない

〇（本人の希望を踏まえて）説明をする方法の例
・定例会議等の場で説明した。
・ジョブコーチの支援により本人の特性シートを作成し、社員が本人の障害特性を理解できるようにした。
・本人の特性や必要な配慮事項などを記載した資料を提示した。

〇精神障害者の障害特性を理解するための研修を実施した。

(7) **その他の配慮。**

精神障害者の方に対する採用後のその他の配慮としては、以下の事例があります。

〇ジョブコーチや障害者就業・生活支援センターの支援を活用している。

〇出退勤時等の面談や家族と連絡を取ること、日誌の確認等により、定期的または随時体調を把握している。

〇本人と相談した上で、本人にてんかんの発作が起きたときの対処法を予め従業員間で共有し、対応できるようにしている。

○急な事態が発生した時に連絡できるよう、社内用PHSを持ってもらっている。
○事務作業に専念できるよう、人の出入りする窓口から離れた座席に配置している。
○手待ち時間ができた際にできる簡単な仕事を常に用意しておき、仕事が途切れることによるストレスを少なくするようにしている。
○定期的に、臨床心理士による個別相談を実施している。

第4章 発達障害
―アスペルガー症候群、自閉症、
高機能自閉症、その他―

1 発達障害とその種類

1 発達障害とは ▶▶▶▶▶▶▶▶▶▶▶▶▶▶▶▶▶▶▶▶▶▶▶▶▶▶▶▶

障害者雇用促進法で「発達障害者」とは、障害者のうち発達障害のある者であって、精神障害者保健福祉手帳の交付を受けている者のことをいいます（障害者雇用促進法第2条、同法施行規則第1条の4）。

発達障害は、発達期（おおむね18歳未満）に様々な原因によって中枢神経系が障害されたために、認知・言語・学習・運動・社会性のスキルの獲得に困難が生じる障害と説明されています。

2 発達障害の種類 ▶▶▶▶▶▶▶▶▶▶▶▶▶▶▶▶▶▶▶▶▶▶▶▶▶▶▶▶

発達障害者支援法が対象とする発達障害には、図表1の種類があります（34頁図表28参照）。これら発達障害者のうち雇用労働者として会社等に勤務している者の大多数は、アスペルガー症候群の人と思われます。

図表1　発達障害者支援法が対象とする発達障害の種類

①広汎性発達障害（アスペルガー症候群、自閉症、高機能自閉症、その他） ②学習障害：LD（読字障害、書字障害、算数障害） ③注意欠陥多動性障害：ADHD など

3 知的障害者は発達障害者から除かれる ▶▶▶▶▶▶▶▶▶▶▶▶▶▶▶▶▶▶

医学的にいえば、知的障害も発達障害に含まれています。しかし、知的障害者については、従来から法制度、各種施策が整備されていることから、知的障害者は発達障害者支援法でいう「発達障害者」からは除外されています。本書でも、この章では「知的障害者」を除いて説明します。

「知的障害者」については、すでに第3章で説明したとおりです。

2 発達障害の種類別の特性

1 広汎性発達障害（アスペルガー症候群、自閉症、高機能自閉症、その他）▶▶▶▶

ア．障害の内容、知的障害の有無・程度

広汎性発達障害は、図表2の3つの障害内容が組み合わされている障害です。

広汎性発達障害者の場合、さらに、知的障害の有無とその程度により、図表3のように分類できます。

図表2　広汎性発達障害の障害内容

①人間関係（社会性）の障害
②コミュニケーションの障害
③こだわりが強く、興味や行動の範囲がきわめて限られている障害

図表3　広汎性発達障害者の知的障害の有無・程度

①知的障害を伴う場合
②知的障害が軽度の場合
③知的障害を伴わない場合など（高機能自閉症、高機能広汎性発達障害）

イ．広汎性発達障害者の多様性・複雑性

その広汎性発達障害者がa．知的障害を伴うか、b．図表2の3つの特徴の現れ方の組み合わせにより、まったく異なる障害のように見えます。また、様々な医療診断名がつけられることになります。

広汎性発達障害のうち、自閉症には知能・言語に発達の遅れがあります。高機能自閉症は、自閉症のうち知能に遅れがないものをいいます。また、「アスペルガー症候群」というのは、自閉症とは異なり、知能・言語の発達について遅れがない場合に診断されることが多い障害名です。こうした広汎性発達障害の多様性・複雑性、様々な医療診断名が、この障害をわかりにくくしています。

ウ．新しい診断分類では「自閉性スペクトラム障害」という

新しい医療診断分類では、「広汎性発達障害」に代わって、「自閉症スペクトラム障害」という診断名が使われています。「スペクトラム」という言葉は、連続している（一連のもの）という意味で使われています。自閉症、高機能自閉症、アスペルガー症候群、その他の広汎性発達障害の間に明確な線引きをすることは困難であり、むしろ知的障害を伴う自閉症から高機能自閉症、アスペルガー症候群まで全てつながっているという考え方から、これらをまとめて「自閉症スペクトラム障害」といわれています。

② 学習障害（LD：読字障害、書字障害、算数障害）▶▶▶▶▶▶▶▶▶▶▶▶

学習障害は、例えば、「テストの成績が、年齢、知能、教育から期待されるよりもはるかに低い」などと診断されます。

学業成績についての遅れは、子供時代に診断されます。

③ 注意欠陥多動性障害（ADHD）▶▶▶▶▶▶▶▶▶▶▶▶▶▶▶▶▶▶▶▶▶▶

注意欠陥多動性障害は、不注意、または多動性・衝動性について、「その人の年齢の発達水準に相応しない不適応症状が長期間（6カ月以上）にわたって継続した場合」に診断されます。

3　発達障害者の障害者手帳の取得の有無、種類

発達障害者の障害者手帳の取得の有無、取得手帳の種類は様々です。

ハローワーク（公共職業安定所）の専門援助窓口の職業紹介により就職した発達障害者について見ると、おおむね図表4のとおりになっています。

いずれかの障害者手帳を所持している者を雇用すると、障害者の法定雇用率に算定されます。

図表4　発達障害者の障害者手帳の取得状況

障害者手帳取得の状況	割合
①精神障害者保健福祉手帳を取得	約4割
②療育手帳（知的障害者が対象）を取得 　イ　知的障害を伴う発達障害の者 　ロ　知的障害を伴わないが療育手帳を取得することにより、雇用支援を受けている者	約2割弱
③いずれの手帳も取得せずに就職した者	約2割強
④不確認、不明	約2割

4　発達障害者についての職場の配慮ポイント

1　感覚過敏への配慮

一口に発達障害者といっても、既に説明したように実に多種多様です。このため、個々人の状況を把握し、個別に対応することが必要です。

発達障害者については、感覚が過敏なことで、職場で配慮が必要になる場合があります。

苦手な音や光があるとそのことが不快で気になり、仕事に集中することができないことなどの場合です。音では大きさや高低・種類など、光では強さや点滅・種類など、苦手なことは人によって異なります。このため、あらかじめ、当人に対して感覚過敏な点などの状況と対処法の確認が必要です。

2　合併障害がある場合の対応

発達障害者のなかには、発達障害の特性に加えて、統合失調症や気分障害（うつ病、そううつ病）の特性を併せ持っている人がいます。精神疾患やメンタルヘルス不全の背景に発達障害があるという場合です。

このような場合には、上記のポイントに加えて、統合失調症の人や気分障害の人に対する配慮と同様の心身の健康管理面やストレスへの配慮が必要になります。

5　アスペルガー症候群の特性と職場における配慮ポイント

1　アスペルガー症候群の人の特性 ▶▶▶▶▶▶▶▶▶▶▶▶▶▶▶▶▶▶▶▶▶▶

アスペルガー症候群の人の特性としては、次の3つがあります。

①人間関係（社会性）の障害
②コミュニケーションの障害
③反復性の行動・限局性の興味

　これらの点は自閉症と共通性が見られます。ただし、アスペルガー症候群が自閉症と最も違う点は、知能と言語の発達に遅れがないことです。むしろ、平均以上に高い能力があることも多くあります。

ア．人間関係（社会性）の障害とは

　アスペルガー症候群の人達には、例えば、次のような特性、言動傾向が見られます。

　○人との親密な関係を作りにくい
　○相手の視点で考えられない
　○表情や声の調子から相手の感情を読み取るのが苦手
　○顔や表情を見分けられない
　○周囲の人達の感情に無頓着である
　○他人に対する関心が極めて低い

イ．コミュニケーションの障害

　アスペルガー症候群の人達には、例えば、次のような特性、言動傾向が見られます。

　○交互に話ができず、一人で一方的に話し続ける
　○言語能力がすぐれていても、コミュニケーションに難がある
　○コミュニケーションが一方通行である
　○自分の感情をうまく言葉で表現できない

○難しいことはよく知っているが、日常的な会話は苦手である
○"ごっこ遊び"が苦手で、相手の発した言葉を文字通りに受け取る

ウ．反復的行動と狭い興味――一つのことに因われ続ける――
　アスペルガー症候群の人達には、例えば、次のような特性、言動傾向が見られます。
　○同じ行動パターンに固執する
　○狭い領域に深い興味を持つ
　○人より物への関心が強い
　○秩序やルールが大好きである
　○すぐれた記憶力を持つ
　○細部にこだわる

エ．その他の特性や伴いやすい問題
　アスペルガー症候群の人には、その他次のような特性、言動傾向が見られます。
　○感覚が繊細である
　○動きがぎこちなく、運動が苦手な人が多い
　○端整な容貌と大きな頭を持つ
　○整理整頓が苦手で、段取りが悪い
　○かんしゃくやパニックを起こしやすい
　○夢想や空想にふける
　○小さい頃「注意欠陥多動性障害」と診断されることもある
　○不安やうつなどの精神的な問題を抱えやすい

② **アスペルガー症候群の人の強みとなる特性** ▶▶▶▶▶▶▶▶▶▶▶▶▶▶▶
　アスペルガー症候群の人の強みとなる特性、言動傾向には、例えば、次のようなものがあります。

○高い言語的能力（文章言語）がある
○すぐれた記憶力と豊富な知識がある
○視空間処理能力が高い
○物への純粋な関心がある
○空想する能力がある
○秩序や規則を愛する
○強くゆるぎない信念を持つ
○持続する関心、情熱を持つ
○孤独や単調な生活に強い
○欲望や感情におぼれない

3　アスペルガー症候群の人との上手なつきあい方 ▶▶▶▶▶▶▶▶▶▶▶▶▶

アスペルガー症候群の人との上手なつきあい方は、次のようなことです。

①枠組みをしっかり作り、ルールをはっきり示す

○ルールや約束事を明確にし、一貫した対応をする

○ルールの矛盾に対する苛立ちにどう対応するか。まず、できるだけルールの不統一やそごを減らし、首尾一貫した対応を行う。人間の社会は、言葉のルールだけでなく、暗黙のルールによって運用されているということを学ばせる

○暗黙のルールも、具体的に説明する

○視覚的サインを用いる。聴き取り能力が弱いので、口頭だけでは、話が頭に入りにくい。何でも写真や絵入りで示す

②感覚の過敏性に配慮する

○周囲の人には何でもないと思えることも、当人には非常に苦痛に感じられることがある。例えば、周囲の物音や声、人の動き、匂いや目に見えるものが気になって、まったく集中できないという場合もある

○本人の秩序をみだりにかき乱さない。慣れた環境ややり方が変わることに対して柔軟に対応できず、不適応を生じやすい

③当人の特性を生かす

○当人の特性に見合った役割を与える

○マルチタスク（いくつかの仕事を同時進行的にこなすこと）よりも、一つの分野で勝負させる

○こだわりの部分と正面衝突しない

④周囲の人は当人の弱い部分を上手にフォローする

○時間の管理が下手

○助けを求めるのが苦手

○技術的にすぐれていても、マネジメントは不得手

○当人の統合能力の弱さは周囲の人の明確な指示で補う

4 アスペルガー症候群の人のタイプ別配慮ポイント

そのアスペルガー症候群の人にどのような配慮をすることが必要であるかを検討する際の特徴的なポイントを図表5のとおりまとめてみました。

この図表によりあてはまるポイントを組み合わせていくと、その障害者にとって必要な配慮事項を考えやすくなります。

図表5　アスペルガー症候群の人についてのタイプ別の配慮ポイント

その障害者の特徴	配慮すべきポイント
①相手の立場に立って人の行動を理解することが苦手であるという特徴がある場合（言われたことはそのとおりに実行できる、実行しようとする）	○職場の役割や職場のルールについては、具体的に説明・文章化する。 ○前後の流れから当然わかっているだろうと思うことでも、まずは確認をする。 ○杓子定規な言い方や行動がある場合については、無理に直すのではなく、個性と受けとめて担当する仕事を選ぶ。
②情報をまとめて状況に応じた判断をすることが苦手であるという特徴がある場合（「経験」にてらして実行することが多く、「判断」でつまずく）	○経験のないことについて不安が大きい場合には、指示や確認について時間をかける。 ○自己判断を求める場合には、指示と違っていないかうかを確認する。 ○判断が必要な場合の報告・連絡・相談の仕方を示す。 ○優先順位をつけることが必要である場合には、具体的

	に作業手順を指示する。作業途中の変更や追加については、指示し直す。 ○職場で新規に獲得した知識・技能とこれまでの経験で獲得した知識・技能との関連を説明する。
③作業遂行のために、指示等に工夫が必要であるという特徴がある場合（工程が明確でないと（説明に省略があると）、習熟に時間がかかる）	○指示や目標は明確かつ丁寧に、そして具体的に伝える。 ○課題の開始や終了を明確に示す。 ○あいまいな表現を避け、文章で示すなど、視覚的手がかりを活用して指示を伝える。

6 発達障害者についての合理的配慮指針に基づく配慮事例

1 募集・採用時の配慮事例 ▶▶▶▶▶▶▶▶▶▶▶▶▶▶▶▶▶▶▶▶▶▶▶▶▶▶

(1) **面接時に、就労支援機関の職員等の同席を認めること。**

発達障害には、自閉症・アスペルガー症候群、学習障害、注意欠陥多動性障害等の様々な障害があり、それぞれその障害特性や必要な配慮が異なっています。したがって、発達障害者の方と面接官の意思疎通を助け、また、発達障害者の方の障害特性等を面接官に知ってもらうために、面接時に就労支援機関の職員等の同席を認めている事例があります。

○同席者の例
- ハローワークの職員
- 障害者職業センターの職員
- 障害者就業・生活支援センターの職員
- 発達障害者支援センターの職員
- 地方自治体の障害者支援機関の職員
- 職業能力開発訓練校の職員
- 本人の家族
- 特別支援学校の教諭
- ジョブコーチ

○同席者の役割の例
- 本人の障害特性・配慮事項（接し方、指示の仕方、新しい仕事に不安が強

いこと、最初は一緒に仕事をしてほしいこと等）を説明する。
　・同席することで、本人の不安感を取り除く。
　・雇用条件等の説明を一緒に聞き、本人の理解を促す。
　・面接における本人の受け答えを補助する。

(2) **面接・採用試験について、文字によるやり取りや試験時間の延長を行うこと。**
　　発達障害者の方は、コミュニケーションに困難を抱えていたり、集中力が途切れがちであったり、文章の読み書き・計算など特定の課題に困難を示したりする場合があります。したがって、面接・採用試験においては、本人の抱えている支障に応じて、口頭での面接を文字によるやりとりに代える、試験時間を延長する等の配慮を行っている事例があります。
　〇面接において、本人が言葉に詰まった場合に平易な表現の質問に変えたり、紙媒体での質問にする等の配慮を行った。
　〇通常の面接より時間をかけ、わかりやすい質問をすることなどにより丁寧に障害特性などの聞き取りを行った。
　〇制限時間を設けずに筆記試験、適性検査を実施した。
　〇適性検査の際に、同行する支援スタッフが試験監督者に質問する等の支援を行うことを認めた。
　〇通常は必須である筆記試験、適性検査を免除した。
　〇実技試験を実施したが、速度は考慮せず採否を判断した。

(3) **その他の配慮。**
　　発達障害者の方に対する募集及び採用時のその他の配慮としては、以下の事例があります。
　〇通常は行っていない入社前説明会を実施し、本人・保護者・支援機関の職員等に出席してもらい、見学・説明・質疑応答・配慮事項の説明等を行った。
　〇会社でのルールや、今後の採用までの流れについて、書面で説明を行った。
　〇集団での面接を行わないこととした。
　〇漢字を書くことが極端に苦手であったため、履歴書をPCで作成することを認めた。

2 採用後の配慮事例 ▶▶▶▶▶▶▶▶▶▶▶▶▶▶▶▶▶▶▶▶▶▶▶▶▶▶▶▶▶▶

(1) **業務指導や相談に関し、担当者を定めること。**
　障害者が円滑に職務を遂行するために、業務指導や相談に関し企業内の様々な立場の人を担当者として選任している事例があります。担当者を定めることにより、障害者が働く上で支障となっている事情を互いに認識し、その支障となっている事情の解決のためにはどのような配慮が適切かといった相談に対応することができます。
○担当者の例
　・社長、施設長、常務等の組織の管理者
　・総務部等の人事担当者
　・就業場所の責任者
　・本人の上司
　・本人の同僚
　・本人と同年代、同性の者
　・本人と同じ障害のある先輩社員
　・定年退職後の再雇用社員
　・衛生管理経験者
　・社内のジョブコーチ資格保有者
　・障害者職業生活相談員
　・新人担当のチューター（障害特性について指導した上で）
　　（※）本人が職場に直接相談しにくい場合に、障害者就業・生活支援センターの職員が対応した例があった。
○担当のあり方の例
・作業ごとに担当者を決めて、本人が混乱しないよう、一つの作業ごとにその担当からのみ指示を出すようにしている。
・シフト制勤務のため担当者を複数定めるが、その日は誰の指導を受ければ良いのかを書面で本人に伝え、戸惑うことがないようにしている。
・担当者を中心に、本人や総務担当者とチームを作り、現場担当者が業務管理と指示を行い、調整が必要になればチームのチーフを含めて対応する。
・業務指導の担当者（現場の上司等）と相談対応を行う者（人事担当者等）を

分けている。
○指導・相談の仕方の例
・定期的（朝礼・終礼時等）に面談や声かけを実施する、作業日報や日誌を提出してもらうことなどにより、担当者が本人の状況を確認している。
・直接相談しにくい内容も相談できるよう、相談用紙と投函する箱を設置している。
・本人が慣れるまで障害者就業・生活支援センターの職員による支援を活用しながら指導をした結果、障害のない者と変わらないレベルまで業務を覚えることができた。
○ピアサポート体制をとり、障害者同士が互いに協力し合う環境を作っている。

(2) **業務指示やスケジュールを明確にし、指示を一つずつ出す、作業手順について図等を活用したマニュアルを作成する等の対応を行うこと。**

　例えば自閉症の方の中には、いわゆる暗黙のルールの理解が苦手であったり、言葉を文字どおりに受け取る傾向があったりする方がいます。このような傾向を持つ方に対しては、業務指示やスケジュールを明確にし、業務指示を具体的かつ簡潔に出す等の配慮が行われている事例があります。

○業務指示を明確にしている例
・口頭で、例えば「午前中はこの仕事を行ってください」、「終わらなくても、午後はこの仕事をしてください」と時間を区切って指示したり、「Aが終了したら、次はBです」と業務の完結をもって区切ることや、「きれいになったら次のものを洗う」ではなく、「10回洗ったら次のものを洗う」等、客観的に作業方法を指示することで、業務指示を明確にしている。
・指示した内容について、本人が整理をするためにノートに書く時間を設け、内容を確認した上で指示内容を理解したかを確認する。
・毎日、仕事の内容を書いた紙を本人に渡す。その紙には、本人も実際に仕事をした上で必要なことを記入できるようメモできるスペースを残している。

○スケジュールを明確にしている例
・ホワイトボード等にその日のスケジュールを貼りだし、必ず本人にメモをとってもらい業務内容を一つずつ確認している。
・時間ごとの業務内容がわかるよう、時計の図と作業の写真を組み合わせた

　　　　カードホルダーを渡し、「この時間にはこの作業をする」ことが視覚的に
　　　　わかりやすくなるようにしている。
　　　・過集中を防ぐため、無理が少なく、具体的な内容の業務計画を作成してい
　　　　る。
　　　・急な作業変更は極力行わない。行う場合には、本人の作業が一区切りつく
　　　　まで待つ。また、業務の中で予想される変化については、できるだけ事前
　　　　に本人に伝える。
　　　・各部署の指導担当者が普段から情報交換をして、本人に対する指示の出し
　　　　方に統一性を持たせている。
　　〇作業指示を一つずつ出している例
　　　・本人の作業指示はできるだけ細分化し、一つの作業が終わる都度、次の作
　　　　業を指示している。
　　　・本人ができないことを明確にし、一つの作業を覚えてから次の作業の指導
　　　　を行うことで、できることを少しずつ増やしていった。
　　〇作業手順について図等を活用したマニュアルを作成している例
　　　・本人専用のマニュアルを作成している。
　　　・担当者が実演により見本を見せながら業務を指示している。
　　　・既存のマニュアルを渡し、本人がより早く作業を覚えられるよう、作業を
　　　　覚えていく中で自分専用のマニュアルに改訂してもらっている。

(3) **出退勤時刻・休憩・休暇に関し、通院・体調に配慮すること。**

　　個々の障害者の障害特性によっては、通常の時間に出勤することが困難であったり、体調に波があることや通院・服薬を要することがありますが、その場合は個々の障害者の状況に合わせて適切な配慮を行うことが必要です。例えば、通勤ラッシュが苦手なため始業時間を遅くすることや、人混みを嫌う特性がある場合もあるため食堂に早めに行けるように休憩時間を調整するなどの配慮を行っている事例があります。

　　〇出退勤時刻に関し、通院・体調に配慮している例
　　　・通勤ラッシュが苦手等のため、始業時間を遅くした。
　　〇休憩に関し、体調に配慮している例
　　　・過集中により疲労しやすいため、積極的な休憩の取得、時間をずらしての
　　　　休憩、休憩時間の延長を認めている。

- 人混みを嫌う特性があるため、食堂に早めにいけるよう休憩時間を早めている。
- 本人ができるだけ静かな場所での休憩を希望したため、一人で休めるスペースを設けた。
- 休憩室にベッドを置き横になって休めるようにしている。

○休暇に関し、通院・体調に配慮している例
- 通院日には休暇を認めている。
- シフトを組む際に、できるだけ連続勤務とならないよう（例えば、3日勤務して1日休む等）にしている。

○その他、労働条件・職場環境等に関し、通院・体調に配慮している例
- 本人の負担や希望を考慮し、まずは短時間勤務から始め、段階的に労働時間を延ばすこととした。
- 急に客に声をかけられると焦ってしまうため、当初は早朝の品出しを担当してもらった。
- 残業が必要な場合、予め本人に伝える、1日おきとする、体調により控えてもらう等の配慮を行っている。

(4) **感覚過敏を緩和するため、サングラスの着用や耳栓の使用を認める等の対応を行うこと。**

　発達障害者の方の中には、音や光、嗅覚などに独特で過剰な敏感さを持っている方もいます。これらの感覚過敏の方に対しては、その障害特性に応じて、サングラスや耳栓・ヘッドフォンの使用を認める、衝立を用意して周囲と遮断された空間を用意する等の配慮を行っている事例があります。

○音に対して過敏であるため、静かなところで作業をしてもらう、耳栓を付与する、ヘッドフォンの着用を認める、机の電話を外す等の配慮を行っている。
○光に対して過敏であるため、蛍光灯を一本少なくする、サングラスの着用を認める等の配慮を行っている。
○視線があると集中できないため、本人の机の前後左右に衝立を用意した。
○本人からの要望で、他者との関わりをできるだけ少なくし、静かな作業環境を整えている。
○体温調整が苦手であるため、本人専用のスポットクーラーを設置した。

(5) **本人のプライバシーに配慮した上で、他の労働者に対し、障害の内容や必要**

な配慮等を説明すること。

　障害者がその能力を発揮し円滑に職務を遂行するためには、本人のプライバシーに配慮した上で、障害者の障害特性や、その方が働くに当たってどのような支障を感じているか、どのような配慮が必要かといったことについて周囲の理解を得ることが望まれます。合理的配慮の提供は、法律上は事業主に課せられた義務ですが、周囲の人々も、各自でできる配慮をしていくことが望まれます。本人の特性や必要な配慮事項などを記載した資料の活用などは、個々の障害特性と事業所内での配慮事項を関係する社員が共有し、職場定着を助けるための有効な事例です。

○（本人の希望を踏まえて）説明をする相手の例
　・本人の上司
　・本人の配属先の社員
　・業務上関係する部署の社員

○（本人の希望を踏まえて）説明する内容の例
　・必要最低限の障害特性（作業の習得にはそれほど時間はかからないが、コミュニケーション能力に困難を抱えていること等）について
　・本人のできることとできないことについて
　・対応上の留意点（指示・注意をするときは穏やかに話すこと、一つずつ指示を出すこと等）について
　・昼休憩時等の関わり方の留意点について
　・責任者や本人と深く関わる社員には詳しい障害特性及び個性について、その他の社員に対しては大まかな障害特性や配慮事項について

○（本人の希望を踏まえて）説明する方法の例
　・本人の特性や必要な配慮事項などを記載した資料を社員と共有した。
　　（※）本人の特性や必要な配慮事項などを記載した資料として、「ナビゲーションブック」があります。ナビゲーションブックとは、独立行政法人高齢・障害・求職者雇用支援機構が作成したツールであり、障害者自身が、自身の特徴やセールスポイント、障害特性、職業上の課題、事業所に配慮をお願いすること等を取りまとめ、事業所や支援機関に説明するために用いるものです。

○障害者雇用に関しての勉強会を開催した。

(6) その他の配慮。

　発達障害者の方に対する採用後のその他の配慮としては、以下の事例があります。作業に当たっては、集中力やモチベーションを高めるなどの工夫をしている例があります。

○定期的に面談の機会を設け、本人の体調を把握している。
○本人に対し、障害特性に配慮しながらビジネスマナー等に関する研修を実施している。
○障害者の集中力やモチベーションを持続してもらう他、業務がしやすい環境を整備している例
　・タイマーを導入することで、時間内の生産量を把握してもらうようにした。目標を数値化することでモチベーションを上げることができた。
　・できるようになったことやできていることを本人に伝えて、繰り返しほめる、評価する、会社に必要な人材だと自己肯定感を高めてもらうような声かけを行う。
　・高圧的にではなく、「……してほしい」と丁寧な言葉遣いで指示をする。
　・本人の意向を踏まえ、本人が遂行困難または苦手な作業は担当としないようにしている。
　・特に最初はうまくできなくても責めない。まずは環境に慣れることを優先する。
○ジョブコーチや支援機関の支援を活用している。

第5章 高次脳機能障害
―失語症、失行症、失認症、
　記憶障害等―

1 高次脳機能障害の特性、障害者手帳の種類等

1 高次脳機能障害とは ▶▶▶▶▶▶▶▶▶▶▶▶▶▶▶▶▶▶▶▶▶▶▶

　高次脳機能障害とは、脳に損傷や衝撃が加わることにより精神機能（思考、言語、記憶など）が低下する障害をいいます。

　その障害者により、失語症、失行症（しっこうしょう）、失認症、注意障害、記憶障害、遂行機能障害、社会的行動障害の症状がでます。

　高次脳機能障害は、脳出血や脳梗塞などの脳血管障害、交通事故などによる脳外傷、脳腫瘍などの後遺症として現れることが多い障害です。

2 合併症があり、所持手帳も分かれる ▶▶▶▶▶▶▶▶▶▶▶▶▶▶▶▶▶

　高次脳機能障害は、障害自体は精神障害に位置づけられています。しかし、身体障害を合併する場合もあります。このため、障害者手帳の取得状況は様々です。ハローワークの専門援助窓口の紹介で就職した高次脳機能障害者の手帳取得状況を見ると、9割程度が障害者手帳を取得していました。その内訳は、6割が精神障害者保健福祉手帳、3割が身体障害者手帳でした。

3 高次脳機能障害に比較的共通する特性 ▶▶▶▶▶▶▶▶▶▶▶▶▶▶▶

　高次脳機能障害に比較的共通する特性には、次のようなものがあります。
①**障害が他者に見えにくく、わかりにくいこと。**
　高次脳機能障害は、障害の有無がわかりにくく、何か作業をしてはじめて明らかになる場合があります。このため、周囲の理解が得られにくく、何か問題がおきたとき、「やる気がない」、「わがまま」など、本人のせいにされてしまいがちです。
②**障害が自分でも気づきにくいこと。**
　障害者当人の脳に障害があるため、自分の障害に気づきにくく、他者からいわれても認めない、いわれて気づくがすぐに忘れる、言葉上で表面的理解にとどまるといった場合があります。

本人に障害の自覚がないと、支援者の努力は空回りしてしまい、適切な人間関係が成立しにくくなってしまうこともあります。

ただし、例えば、失語症の症状だけがある場合などは、上記①、②の特性はあまり見られないなど、脳損傷の原因（脳血管障害、脳外傷、その他）、脳損傷を受けた時期（小児期、青年期、成人期、老年期）、損傷からの期間などにより、症状の現れ方やその対応の仕方が異なります。

このため、高次脳機能障害があるというだけでは、具体的にどのような対応をしたらよいかわかりません。したがって、個別に障害状況を把握することが基本になります。

2 高次脳機能障害の障害種類別の職場の配慮ポイント

高次脳機能障害は、その障害者により次の①～⑦の症状がでます。その症状に応じて必要な配慮をしてください。

① 失語症 ▶▶

失語症とは、「聞く」、「話す」、「読む」、「書く」など言葉を使ったコミュニケーションや作業がうまくできなくなる障害です。知的能力の低下や、ものを考えることができなくなる障害ではありません。したがって、本人の特徴に合わせて周囲の人がコミュニケーションの工夫をしていくことが大切です。就労支援に際しては、合併することの多い身体機能障害（右半身マヒ）への配慮も必要となります。

配慮ポイントは、図表1のとおりです。

図表1　失語症の配慮ポイント

①ゆっくりと、短い言葉や文章でわかりやすく伝える
②うまく伝わらないときは、繰り返し言ったり、言い換えたり、絵やジェスチャーで示す
③「はい」、「いいえ」で答えられるように問いかける

> ④コミュニケーションの助けとして、言葉以外の手段（カレンダー、地図、時計など身近にあるもの）を利用する

2 失行症 ▶▶▶▶▶▶▶▶▶▶▶▶▶▶▶▶▶▶▶▶▶▶▶▶▶▶▶▶▶▶▶▶▶▶▶

　失行症とは、マヒや失調など身体の運動機能及び感覚機能にはまったく問題がないにもかかわらず、日用品の使い方がわからなくなったり、相手の言ったことを動作で表現できなくなったり、着衣が困難になったり、組み立てや片付けなどの作業が苦手になったりする障害です。

　失行症についての配慮ポイントは、図表2のとおりです。

図表2　失行症の配慮ポイント

> ①支援者が、失行症の症状を、日常生活場面で的確に把握する
> ②支援者が、手を添えて、動作訓練を繰り返し行う
> ③支援者が、集中して取り組める環境を整える
> ④支援者もゆとりを持ち、ゆっくりかかわる

3 失認症 ▶▶▶▶▶▶▶▶▶▶▶▶▶▶▶▶▶▶▶▶▶▶▶▶▶▶▶▶▶▶▶▶▶▶▶

　失認症には、視覚失認、聴覚失認、触覚失認などがあります。ここでは視覚失認について説明します。

　視覚失認には「物の認知の障害」と「空間の認知の障害」があります。

　物の認知障害は、目は見えているにもかかわらず、なじみのあるものを見ただけでは、その対象が何なのかわからなくなってしまう障害です（見ただけではわからなくても、聞いたり、触ったりすれば、その対象が何なのかはわかります）。空間の認知障害として半側空間無視があります。これは、空間への注意が偏り、通常は右側に常に注意が引きつけられ、左側にあるものを無視して見落としてしまう障害です。

　失認症についての配慮ポイントは、図表3のとおりです。

図表3　失認症についての配慮ポイント

①それぞれの失認症の症状を、日常生活場面で的確に把握する
②問題症状の状況を指摘し、本人の認識を促す
③特に出現頻度の高い半側空間無視に対する対応として、手がかり（聴覚的、視覚的）を利用して、注意を一定方向に向けさせる

4　注意障害

　注意機能は記憶や遂行機能などの土台となります。注意の機能がうまく働かないと、より高次の認知機能に影響がでます。注意機能には「集中・持続性」、「選択性」、「分配・転換性」、「制御性」などの働きがあります。これらの機能が障害されますと、何となくぼんやりしている、読書、趣味、家事など一つの作業に集中できない、単純ミスが多い、作業ミスを発見できない、物をみつけられない、同時に複数の作業をこなすことが難しい、作業が遅々として進まない、作業中に電話がかかってきてもでられない、周囲の状況を判断せずに行動しようとするなど、日常生活や社会生活を行ううえで問題となります。

　注意障害についての配慮ポイントは、図表4のとおりです。

図表4　注意障害についての配慮ポイント

①「声かけ」や「声だし」などで注意を喚起する
②集中を持続するために、長時間の作業は間に短い休憩を入れる
③集中するために、気が散らないよう周囲の影響を及ぼす刺激を取り除く
④ミスを減らすには、一度に一つの作業を行う

5　記憶障害

　記憶には、記銘（覚える）、保持（覚えておく）、再生（思い出す）の3つの過程があります。そのどの段階の障害かにより、対処法も違ってきます。第1段階（覚える）の障害は、人や物の名前、場所が覚えられない、第2段階（覚えておく）の障害は、直前のことを覚えていない、行き先や場所を忘れてしまう、何かしているときに他の用事を頼まれるとそれまでやっていたことを忘れ

てしまう、第3段階（思い出す）の障害は、頼まれたことを忘れてしまう、昔のことを思い出せないなどの問題として現れます。周囲の人の支援に際して、本人が忘れてもその自覚がないということが大きな問題となります。

記憶障害についての配慮ポイントは、図表5のとおりです。

図表5　記憶障害についての配慮ポイント

①記憶の代償手段を使用する訓練（メモの利用法）
②環境に手を加える（見えやすいところにラベルを貼る）
③習慣化（物の置き場所を決めて、確実に元に戻す）

6　遂行機能障害

遂行機能とは、目的達成のために計画性を持って行動したり、変化する状況にうまく対応して行動したりするために必要な働きです。言い換えれば、目標を目指しながら、それにそって目の前の問題を解決していく高次の「問題解決能力」であるといえます。

具体的には、①未来の目標を定め、②その目標を実現させるための段取りをたて、③目標に向かって実際に行動を開始・継続し、④自分の行動を把握して目的が達成できるよう適切な調整を行う一連の過程をいいます。その機能が障害されますと、自分で計画を立てられない、他者に指示してもらわないと何もできない、自分で物事の優先順位がつけられない、いきあたりばったりで行動する、仕事が決まったとおりに仕上がらない、効率よく仕事ができない、間違いを次に生かせないなどの問題が生じます。

遂行機能障害についての配慮ポイントは、図表6のとおりです。

図表6　遂行機能障害についての配慮ポイント

①当人が行動する前に、具体的な手順を言語化して確認させ、予行演習を繰り返させる
②複雑な課題は小さな単位に単純化し、問題解決の手がかりを与える
③自分のペースで行わせ、当人のできる範囲以上のことを無理してやらせない

7 社会的行動障害

　社会的行動障害は、感情や行動を自分で適切に調整することが難しくなり、集団場面における適応困難をもたらします。この障害は、高次脳機能障害支援モデル事業において、行政的定義の主要症状の一つとされ、クローズアップされた障害です。社会的行動障害の内容としては、①意欲・発動性の低下、②感情コントロールの障害、③対人関係の障害、④依存的行動、⑤固執などがあります。しかし、机上での客観的な評価は難しく、実際の作業場面や集団場面で明らかになるような障害です。

　社会的行動障害についての配慮ポイントは、図表7のとおりです。

図表7　社会的行動障害についての配慮ポイント

①イライラしているときは、話題や場面を変えるなどで環境を調整する
②集団活動を通して、自己認識や社会生活技能の向上を促す
③日記に記録させるなどにより、自己の行動を振り返る

3　高次脳機能障害者についての合理的配慮指針に基づく配慮事例

1 募集・採用時の配慮事例

(1) 面接時に、就労支援機関の職員等の同席を認めること。

　高次脳機能障害には、失語症や注意障害、記憶障害、遂行機能障害等の様々な症状があります。これらは、それぞれその障害特性や必要な配慮が異なっています。したがって、高次脳機能障害の方と面接官の意思疎通を助け、また、高次脳機能障害の方の障害特性等を面接官に知ってもらうために、面接時に就労支援機関の職員等の同席を認めている事例があります。

○同席者の例
　・ハローワークの職員
　・障害者就業・生活支援センターの職員
　・就労継続支援事業所の職員

・本人の家族
　　・職業リハビリテーションセンターの職員
　○同席者の役割の例
　　・本人の障害特性、配慮事項、就職後の支援についての説明を行う。
　　・面接における本人の質疑応答の補足説明を行う。
(2) **その他の配慮。**
　高次脳機能障害の方に対する募集及び採用時のその他の配慮としては、以下の事例があります。
　○軽い記憶障害のある方であったため、なるべく本人が理解できるよう、簡潔に質問することを心がけた。
　○記憶障害を補うために面接中に本人がメモをとっていたため、ゆっくり話をした。

2 採用後の配慮事例

(1) **業務指導や相談に関し、担当者を定めること。**
　障害者が円滑に職務を遂行するために、業務指導や相談に関し上司などを担当者として選任している事例があります。担当者を定めることにより、障害者が働く上で支障となっている事情を互いに認識し、その支障となっている事情の解決のためにはどのような配慮が適切かといった相談に対応することができます。
　○担当者の例
　　・社長、施設長、常務等の組織の管理者
　　・総務部等の人事担当者
　　・就業場所の責任者
　　・本人の上司
　　・本人の同僚
　　・本人と同年代、同性の者
　　・本人と同じ障害を持つ先輩社員
　　・定年退職後の再雇用社員

- 衛生管理経験者
- 社内のジョブコーチ資格保有者
- 障害者職業生活相談員
- 新人担当のチューター（障害特性について指導した上で）
  - （※）本人が職場に直接相談しにくい場合に、障害者就業・生活支援センターの職員が対応した例があった。

○担当のあり方の例
- 業務指導の担当者（現場の課長等）と相談対応を行う者（人事担当者等）を分けている。

○指導・相談の仕方の例
- 担当者と同じシフトで勤務してもらっている。

○採用後3ヵ月間はサポーターを配置し、1ヵ月目は職場に慣れることを目標にし、2ヵ月目以降に仕事を覚えてもらうようにした。

○ピアサポート体制をとり、障害者同士が互いに協力し合う環境を作っている。

(2) **仕事内容をメモにする、一つずつ業務指示を行う、写真や図を多用して作業手順を示す等の対応を行うこと。**

　高次脳機能障害の方の中には、新しいことを覚えることや、同時に複数の作業をこなすことに困難を抱えている方もいます。このような方に対しては、業務指示をメモにして毎回作業前に確認したり、写真や図を多用して作業手順を示す等の配慮の事例があります。

○仕事内容をメモにしている例
- メモ帳を持参してもらい、指導・注意事項を忘れないように記載してもらうとともに、業務の開始前にメモ帳の内容の確認をしてもらう。
- 本人がメモをとりやすいスピードで話すようにする。
- 記憶障害があるため、メモをとってもらった後、大切なことはあとからノートに転記してもらうようにすることで、記憶力を補完してもらっている。
- 記憶障害があり、メモを受け取ったことを失念してしまうことがあるため、同じメモを複数用意しておき、すぐに同じメモを渡せるようにしておく。
- メモを作業手順書に記載してもらうことで、確認先が一つですむようにしている。

○作業の終了報告後に次の作業を出すようにするなど、指示は一つずつ行う。

○写真や図を多用して作業手順を示している例
・収納棚には食品名を表示している。
・個々人ごとに異なる作業手順書を、障害者職業センターと相談した上で作成し、手順を飛ばさないよう確認している。
・覚えることが苦手なため、業務に伴う工程を全て写真入りのカードにしてファイリングしたものを作成している。カードをめくると次の行動がわかるようにしている。
・1日の業務をタイムスケジュールにして提示する。その際、本人のペースに併せたスケジュールとする。
・作業終了時間がわかるように、携帯電話のタイマー機能を活用している。
・荷物の仕分け作業において、各コンテナに便名や商品名の紙を貼り、間違いが起こりにくいようにしている。

○業務指示に当たり、まずは手本を示す。
○指示したことの理解度を確認する。
・毎日の作業終了後、チェック表を使い指導内容を理解しているかを確認する。
・本人に業務を説明したあとで、本人が手順を整理するよう指導し、業務内容の理解の促進を図った。
・慣れるまでは、現場担当者が定期的に確認を行った。

(3) **出退勤時刻・休憩・休暇に関し、通院・体調に配慮すること。**

　個々の障害者の障害特性によっては、通常の時間に出勤することが困難であったり、体調に波があることや通院・服薬を要することがありますが、その場合は個々の障害者の状況に合わせて適切な配慮を行うことが必要です。例えば、体調に合わせ、勤務時間・休憩時間等を柔軟に調整している事例があります。

○休憩に関し、体調に配慮している例
・体調に合わせ、勤務時間・休憩時間・残業を柔軟に調整している。
・体調が優れないときのために、休憩室を用意している。

○休暇に関し、通院・体調に配慮している例
・通院日には休暇を認めている。
・本来はシフト制の勤務だが、過集中を防ぐ等のため、勤務時間や休みの日を固定している。

(4) **本人の負担の程度に応じ、業務量等を調整すること。**
　高次脳機能障害の方には、記憶と学習に困難を抱えていたり、意識を集中しにくく疲れやすい、意図した動作を行うことが難しい等の症状がある方もいます。したがって、本人の負担に配慮した業務内容とする、本人の様子を見ながら業務量を調整する等の配慮の事例があります。
○集中力を維持できるよう、当初短時間勤務とし、その後状況を見ながらフルタイムに移行する。
○障害により本人に負担となる業務については担当としない例
・作業をできるだけわかりやすく単純な形（使用する機械と工程を減らす、決まった商品のみの品出しを担当してもらう、介護の対象者を固定する等）に再編した上で、それぞれの業務を担当してもらう。本人の状況に応じて、業務量を徐々に増やしていく。
・短い時間内に終わらせる必要のある業務は控えてもらっている。
・勤務時間内でできる業務量としている。
・他者と成果を競争する必要のない業務を担当してもらうことで、本人が負担を感じないようにしている。
○障害者本人の体調や負担感について、適宜把握するように努めている例
・朝礼時の声かけ、体調管理シートの活用、家族と連絡を取ることなどにより、日々体調の把握に努める。
・本人の就労状況等を人事担当者、上司、同僚（パートリーダーで福祉業種経験者）で共有している。
○繁忙期には、同じ作業を行う社員の数を増やし、本人の負担が極端に大きくなりすぎないようにした。

(5) **本人のプライバシーに配慮した上で、他の労働者に対し、障害の内容や必要な配慮等を説明すること。**
　障害者がその能力を発揮し円滑に職務を遂行するためには、本人のプライバシーに配慮した上で、障害者の障害特性や、その方が働くに当たってどのような支障を感じているか、どのような配慮が必要かといったことについて周囲の理解を得ることが望まれます。合理的配慮の提供は、法律上は事業主に課せられた義務ですが、周囲の人々も、各自でできる配慮をしていくことが望まれます。
○（本人の希望を踏まえて）説明をする相手の例

・総務等人事担当者
　　　・本人の上司
　　　・本人の同僚
　　○（本人の希望を踏まえて）説明する内容の例
　　　・本人への接し方（ペース配分、言葉遣い、複数の指示を一度に行わないこと、困っているときは声をかけてほしいこと等）について
　　　・安全面の配慮について、協力すること
　　○（本人の希望を踏まえて）説明する方法の例
　　　・本人の特性や必要な配慮事項などを記載した資料を活用する。
　　　・障害者就業・生活支援センターにサポートに入ってもらい、本人の特性・配慮事項等について説明した。
　　　・本人より提供された障害特性に関する資料を配布し、説明した。

(6) その他の配慮。

　高次脳機能障害の方に対する採用後のその他の配慮としては、以下の事例があります。例えば、自分が見ていると意識している空間の片側を見落とす半側空間無視という症状を持つ方については、車の運転や事務作業において支障を生じる場合があるので、職務内容や周囲の環境を工夫するという事例があります。

○フォークリフトが頻繁に通行する職場だが、本人に半側空間無視という症状があるため、危険が及ばないよう本人の作業場所の配置を工夫した。
○上司・同僚の名前と顔が覚えられないとの相談があったため、顔写真入りの名簿を作成した。
○ミーティングで業務状況を共有したり、社員間で話合う機会を作り、社員の一員であることを意識できるようにしている。
○記憶、空間把握能力に障害があるため、通勤経路（最寄り駅から事業所）の目印となるものを写真に撮り、経路図を作成した。
○障害者就業・生活支援センター、ジョブコーチの支援を定期的に活用している。
○就労支援機関と精神保健福祉士、人事担当者、本人の上司が連携して配慮事項を決定している。

第6章 難病に起因する障害

―進行性筋ジストロフィー、
　左大腿骨頭壊死症、
　混合性結合組織病、その他―

1 難病に起因する障害とは

「難病」とは、医学的に明確に定義された病気の名称ではありません。難病というのは、治療が難しく、慢性の経過をたどる疾病を総称して用いられてきた言葉です。ただし、完治はしないものの、適切な治療や疾患管理を続ければ、普通に生活できる状態になっている疾患が多くなっています。

昭和47年の厚生省（現厚生労働省）の「難病対策要綱」においては、「難病」は、「原因不明、治療方針未確立であり、かつ、後遺症を残すおそれが少なくない疾病」、「経過が慢性にわたり、単に経済的な問題のみならず介護等に著しく人手を要するために家族の負担が重く、また精神的にも負担の大きい疾病」と定義されています。

現在、難治性疾患克服研究事業の対象疾患として130疾患、特定疾患治療研究事業の対象疾患として56疾患が指定されています。

難病に起因する障害としては、例えば、進行性筋ジストロフィ、クローン病、潰瘍性大腸炎、左大腿骨頭壊死症、混合性結合組織症等があります。

2 職場における配慮ポイント

個人の疾患、症状によって難病に起因する障害者への配慮事項は異なります。例えば、通院への配慮、就業時間中の健康管理（服薬など）への配慮、通勤や治療のための柔軟な就業時間の設定といったことが配慮の例となります。また、仕事上の相談にのる上司や同僚の存在も大切です。

さらに、症状により視覚障害や肢体不自由など身体的な障害がある場合には、その障害に応じた職場の物理的な環境整備（例えば、下肢に障害がある場合は職場内の段差の解消など）についての配慮が必要です。

3 難病に起因する障害者についての合理的配慮指針に基づく配慮事例

1 募集・採用時の配慮事例 ▶▶▶▶▶▶▶▶▶▶▶▶▶▶▶▶▶▶▶▶▶▶▶▶▶▶▶▶

(1) **面接時間について、体調に配慮すること。**

　難病には非常に多くの種類がありますが、時間帯や病状により本人の体調も変わってくることは共通しています。このような点を踏まえ、面接時間について、本人と相談しながら適宜調節する等の配慮を行っている事例があります。
○本人が支援を受けている医療機関やハローワークと予め情報交換し、病気に関する情報を事前に把握することで、本人への質問等の負担を軽減し、面接時間を短縮した。
○本人の体調の良い時間帯に面接を実施した。

(2) **面接時に、就労支援機関の職員等の同席を認めること。**

　難病に起因する障害は様々であり、それぞれの障害特性や必要な配慮が異なっています。したがって、難病に起因する障害のある方と面接官の意思疎通を助け、また、難病に起因する障害のある方の障害特性等を面接官に知ってもらうために、面接時に就労支援機関の職員等の同席を認めている事例があります。
○同席者の例
　・ハローワークの職員
　・障害者就業・生活支援センターの職員
　・障害者本人の介助者
　・本人の家族
　・地方自治体の障害福祉関係の職員
○同席者の役割の例
　・本人の難病の説明、障害特性、注意事項、配慮事項についての説明

2 採用後の配慮事例 ▶▶▶▶▶▶▶▶▶▶▶▶▶▶▶▶▶▶▶▶▶▶▶▶▶▶▶▶▶▶

(1) **業務指導や相談に関し、担当者を定めること。**

障害者が円滑に職務を遂行するために、業務指導や相談に関し上司などを担当者として定めている事例があります。担当者を定めることにより、障害者が働く上で支障となっている事情を互いに認識し、その支障となっている事情の解決のためにはどのような配慮が適切かといった相談に対応することができます。

○担当者の例
　・社長、施設長、常務等の組織の管理者
　・総務部等の人事担当者
　・就業場所の責任者
　・本人の上司
　・本人の同僚
　・本人と同年代、同性の者
　・本人と同じ障害のある先輩社員
　・定年退職後の再雇用社員
　・衛生管理経験者
　・社内のジョブコーチ資格保有者
　・障害者職業生活相談員
　・新人担当のチューター（障害特性について指導した上で）
　　（※）本人が職場に直接相談しにくい場合に、障害者就業・生活支援センターの職員が対応した例があった。

○担当のあり方の例
　・社長等上役の主導のもと、担当者が業務指導、雇用管理を担当する。
　・担当者（現場の同僚等）が、日々の状況を上役（課長、社長等）の担当者に日々または定期的に相談・報告する。
　・業務指導の担当者（現場の課長等）と相談対応を行う者（人事担当者等）を分けている。

○指導・相談の仕方の例
　・相談用紙と投函する箱を設置し、本人が困っていることを把握できるようにしている。

(2) **出退勤時刻・休憩・休暇に関し、通院・体調に配慮すること。**
　個々の障害者の障害特性によっては、通常の時間に出勤することが困難であ

ったり、体調に波があることや通院・服薬を要することがありますが、その場合は個々の障害者の状況に合わせて適切な配慮を行うことが必要です。例えば、難病に起因する障害のある方には、定期的な通院を必要とする方も多いので、通院日には休暇を認める等の事例があります。

○休憩に関し、体調に配慮している例
　・午前・午後に各10分の小休止を設けている。
○休暇に関し、通院・体調に配慮している例
　・通院日には休暇を認めている。
○その他、労働条件・職場環境等に関し、通院・体調に配慮している例
　・採用当初は短時間の勤務から始め、体調を見ながら勤務時間を延長した。
　・勤務開始後の体調の変化を踏まえ、本人と相談の上で労働時間を短縮した。
　・通常は複数の勤務時間帯があるが、本人の通院等に配慮し、勤務時間を1パターンに固定した。
　・日勤から開始し、次に早番、遅番、夜勤を順次取り入れていくように配慮した。
　・体調に配慮し、無理な残業はしないようにしてもらう、または、少なくなるようにしている。

(3) **本人の負担の程度に応じ、業務量等を調整すること。**

　難病に起因する障害のある方は、多くの場合、疲れやすさ、関節の痛み、腹痛等の症状が見られます。したがって、本人の様子を見ながら、業務量の調整や本人の障害特性に合わせた作業形態の工夫等を行うなどの事例があります。

○難病によりできないこと（重量物の取扱い、細かい手先の動き、立ち作業が困難等）を踏まえ、そのような業務がない部署に配属する、または、当該業務については担当としない。
○障害により本人にはできない業務を周囲の社員がフォローしている例
　・難病によりできないこと（重量物の取扱い、高いところの掃除等）は他の社員が行う。
　・会社としては1日単位で完結させる業務が大半であるが、急な欠勤でも対応可能なように、1週間単位で取り組める業務を担当してもらっている。
○体調不良などの場合は申し出てもらうことにし、適宜業務量の調整を行っている。

○就業する場所等について、本人負担を軽減している例
　　　・職務上、立ち仕事が多いが、空いている時間など可能な限り椅子に座って休んでもらう。
　　　・美容師であり、難病（左大腿骨頭壊死症）により立ち仕事が困難なため、座ったままでカットできる椅子を購入した。
　　　・難病（進行性筋ジストロフィー）により電話を取ることが困難なため、電話をイヤホンマイク付き携帯電話に変更した。
　　　・多様な就業場所で勤務する警備員であるが、なるべく自宅から近い現場での業務に優先的に配置している。

(4) **本人のプライバシーに配慮した上で、他の労働者に対し、障害の内容や必要な配慮等を説明すること。**

　障害者がその能力を発揮し円滑に職務を遂行するためには、本人のプライバシーに配慮した上で、障害者の障害特性や、その方が働くに当たってどのような支障を感じているか、どのような配慮が必要かといったことについて周囲の理解を得ることが望まれます。合理的配慮の提供は、法律上は事業主に課せられた義務ですが、周囲の人々も、各自でできる配慮をしていくことが望まれます。

　　○（本人の希望を踏まえて）説明をする相手の例
　　　・本人の上司
　　　・本人の同僚
　　　・指導担当者
　　○（本人の希望を踏まえて）説明する内容の例
　　　・病名ではなく、必要な配慮事項（重量物の取扱いができない等）について
　　　・薬の効果により障害のない者となんら変わりがないが、急な体調不良がありうること
　　　・本人にできる仕事、できない仕事について
　　　・本人の体調の変化に気づいたときは担当者や管理者に知らせること

(5) **その他の配慮。**

　難病に起因する障害のある方に対するその他の配慮としては、以下の事例があります。例えば、障害によっては、食事制限が必要な方もいるので、職場での食事においては、本人に配慮した食べ物や調理器具を用意する等の事例があ

ります。
○難病（混合性結合組織病）により寒くなると手先が紫色になるため、ドアノブにゴムを貼ったり、会社で膝掛けを用意している。
○難病（進行性筋ジストロフィー）により体温調整が難しいため、ヒーターなどを近くに置いている。
○難病（クローン病、潰瘍性大腸炎）に起因する食事制限に対する配慮の例
　・年に数回の食事会等の社内行事では、本人に負担のかかる飲食物を出さないようにしている。
　・固形物を摂取することができないため、飲むタイプの食事の保管のために冷蔵庫を用意している。
○障害者本人の体調について、適宜把握するように努めている例
　・障害者本人が体調不良であることを申し出やすい雰囲気を作っている。
○症状に配慮し、マイカー通勤とするため、駐車場を会社で借りた。

資料

1　障害者と企業に対する支援制度の概要
2　障害者と企業に対する支援機関の概要

1 障害者と企業に対する支援制度の概要

1．雇用前の訓練や実習

①職場適応訓練

問合先：ハローワーク（公共職業安定所）または都道府県労働局

　都道府県知事等が事業主に委託し、身体障害者、知的障害者、精神障害者等の能力に適した作業について通常6カ月間（重度障害者の場合は1年間）以内の実地訓練を行い、それによって職場の環境に適応することを容易にし、訓練修了後は事業所に引き続き雇用してもらおうという制度です。

　訓練期間中、委託した事業主に対し訓練生1人につき月額24,000円（重度障害者の場合25,000円）の委託費が支給され、訓練生に対しては訓練手当（雇用保険受給資格者の場合は雇用保険の基本手当）が支給されます。

②障害者の態様に応じた多様な委託訓練

問合先：ハローワーク（公共職業安定所）または職業能力開発学校（委託訓練拠点校）

　国から委託された機関（企業、社会福祉法人、NPO法人、民間教育訓練機関等）が、就労を目指す方を対象に行う職業訓練です。訓練内容は、パソコン実務、オフィス作業、清掃作業、ハウスクリーニングなど受託する機関に応じ多種多様です。訓練の期間は原則3カ月間以内で、委託先機関に対して、職業訓練受講生1人につき月額上限6万円または9万円が支給されます。

③精神障害者社会適応訓練事業

問合先：保健所

　回復途上にあるが、通常勤務を行うことが困難な精神障害者の社会復帰に理解のある事業所（協力事業所）に委託して、協力事業所での就業を通じて社会生活への適応のために必要な訓練を行う事業です。具体的には、実施主体である都道府県及び指定都市（一部を除く）が、協力事業所に訓練を委託します。訓練期間は6カ月で、3年まで延長可能。都道府県によって異なりますが、協力事業所には一定の協力奨励金が支給されています。

2．試行雇用制度

①障害者トライアル雇用

問合先：ハローワーク（公共職業安定所）

　ハローワークや民間の職業紹介事業者等の紹介により、障害者を試行雇用（トライアル雇用）の形で受け入れてもらい障害者雇用についての理解を促し、試行雇用終了後の常用雇用への移行を進めることを目的としています。期間は最長3カ月間で、事業主に対し、対象者1人につき月額最大4万円（精神障害者をはじめて雇用する場合は月額最大8万円）を支給します。

②障害者短時間トライアル雇用

問合先：ハローワーク（公共職業安定所）

　精神障害、発達障害の求職者で直ちに週20時間以上の労働時間で働くことが困難な障害者について、当初は週10時間以上20時間未満の短時間の就業からはじめ、一定期間をかけて週20時間以上の労働時間の常用雇用への移行を目指します。期間は、3カ月間以上12カ月間以内で、事業主に対し、対象者1人につき月額最大2万円を支給します。

3．その他

①特定求職者雇用開発助成金（特定就職困難者コース）

問合先：都道府県労働局またはハローワーク（公共職業安定所）

　ハローワーク等の職業紹介により、障害者等（65歳未満に限る）を継続して雇用する労働者として雇入れる雇用保険の適用事業主に対して、賃金相当額の一部を助成するもの。助成期間と助成額は以下のとおりです。

対象労働者（一般被保険者）	助成金		助成期間
	大企業	中小企業	
重度の身体・知的障害者、45歳以上の身体・知的障害者及び精神障害者	100万円	240万円	大企業：1年6カ月 中小企業：3年

重度障害者等を含む身体・知的・精神障害者 (短時間労働者)	30万円	80万円	大企業：1年 中小企業：2年
重度障害者等を除く身体・知的障害者	50万円	120万円	大企業：1年 中小企業：2年

（注）助成金は6カ月ごとに支給され、表の助成金の額は助成期間に支払われる合計額を示しています。また、平成27年4月30日までの雇入れの場合、支給額、助成対象期間が異なります。

②障害者初回雇用奨励金（ファースト・ステップ奨励金）

問合先：都道府県労働局またはハローワーク（公共職業安定所）

雇用する常用労働者数が50〜300人の雇用保険の適用事業主であって、身体障害者、知的障害者または精神障害者の雇用経験のない事業主が、ハローワーク等の職業紹介ではじめて65歳未満の障害者を一般被保険者として雇入れ法定雇用率を達成する場合、奨励金120万円を支給します。

③職場適用援助者（ジョブコーチ）支援

問合先：地域障害者職業センター

知的障害者、精神障害者等の職場適応を容易にするため、職場に職場適応援助者（ジョブコーチ）を派遣し、きめ細かな人的支援を行います。職場適応援助者は、雇用前の職場実習、試行雇用、常用雇用のどの段階からでも活用できます。支援期間は、2カ月間以上4カ月間以内で、支援課題等に応じて個別に設定します。

④地域の専門家を活用した雇用管理サポート

問合先：地域障害者職業センター

障害者を雇用しているかまたは雇用を予定している事業所で、雇用管理に際して具体的な助言や支援を希望する事業主に対し、地域障害者職業センターが地域の専門家との連絡のもと、障害の特性を踏まえた雇用管理（受け入れに伴う配慮事項、職務・配置、作業手順の改善、補助具の活用、作業環境・設備の改善、障害者雇用に関する企業内教育など）に関する支援を行います。

⑤障害者等雇用安定助成金(障害者雇用安定助成金)
問合先:都道府県労働局またはハローワーク(公共職業安定所)

　障害特性に応じた雇用管理・雇用形態の見直しや柔軟な働き方の工夫等の措置を講じる事業主に対して助成を行います。対象となる措置は、①柔軟な時間管理・休暇取得、②短時間労働者の勤務時間延長、③正期・無期転換、④職場支援員の配置、⑤職場復帰支援、⑥社内理解の促進です。

2 障害者と企業に対する支援機関の概要

①地域障害者職業センター

　全国の各都道府県に設置(北海道・東京・愛知・大阪・福岡には支所も設置)しており、障害者や事業主に対し専門的な職業リハビリテーションサービスを実施するとともに、地域の関係機関に対し職業リハビリテーションに関する助言・援助を行っています。

②障害者就業・生活支援センター

　就職や職場への定着に当たって就業面や生活面の支援を必要とする障害者を対象として、就業及びこれに伴う日常生活、社会生活上の相談・支援を一体的に行う施設です。都道府県知事が指定する一般社団法人もしくは一般財団法人、社会福祉法人、特定非営利活動(NPO)法人等が運営しています。

③障害者総合支援法における障害福祉サービス事業者

　障害者総合支援法における各種サービスを実施する事業者を指します。法人は規制緩和されたことから、社会福祉法人、NPO法人等の非営利法人の他、企業も参入できるようになりました。指定基準を満たした法人が都道府県知事に申請することによって、指定障害福祉サービス事業者となります。就労系のサービスには以下の3つがあります。

就労移行支援事業	企業等への就労を希望する障害者を対象に、計画的なプログラムに基づき、施設での作業や企業での実習、職場探し、就職後の職場定着などの支援を行います(利用期間：原則2年以内)。
就労継続支援(A型)	一般企業等での雇用に結びつかなかった障害者などを対象に、雇用契約に基づく就労の機会を提供し、就労の機会を通じて一般就労に必要な知識・能力が高まった者について一般就労への移行に向けた支援を行います(利用期間の制限なし)。
就労継続支援(B型)	一般企業に雇用されることが困難な障害者などを対象に、雇用契約を結ばない形で、就労の機会や生産活動の機会を

	提供し、就労等の機会を通じて知識・能力が高まった者について就労への移行に向けた支援を行います（利用期間の制限なし）。

④保健所

　精神障害者支援に関し、正しい知識の普及啓発、精神保健福祉相談、社会復帰施設等の利用調整等の業務を実施しています。都道府県、政令指定都市、特別区等が設置していますが、設置主体により役割が異なっており、福祉事務所等と統合されている地域もあります。

⑤精神保健福祉センター

　精神保健福祉法により都道府県及び指定都市に設置が義務付けられているもので、精神障害者保健福祉手帳や自立支援医療制度に係る判定等の業務や、精神保健及び精神障害者の福祉に関する知識の普及や調査研究、相談、指導等を行っています。

⑥発達障害者支援センター

　発達障害者支援法に基づき、発達障害のある人の幼児期から学齢期、成人期に至るまで、ライフステージの各段階で生じる様々なニーズに応えられるよう、総合的かつ一貫的な支援を行うための地域の拠点として設置されています。就労支援についても、労働関係機関との連携協力のもと、直接・間接的に支援が行われています。

⑦障害者職業能力開発校

　職業能力開発促進法に基づき、ハローワーク、障害者職業センター等の関係機関との密接な連携のもとに、訓練科目・訓練方法等に特別の配慮を加えつつ、障害の態様等に応じた公共職業訓練を実施しています。また、企業に雇用されている障害者に対して、多様な職務内容の変化にも迅速に対応できるよう、在職者訓練を実施しています。

⑧その他の能力開発施設

　上記とは別に、事業主、民法法人等が運営する民間の能力開発施設が、障害者の職業に必要な能力を開発し、向上させるための教育訓練事業（厚生労働大臣の定める基準に適合するもの）を実施しています。

〔参考文献〕
① 「事業主と雇用支援者のための障害者雇用促進ハンドブック」東京都
② 「はじめからわかる障害者雇用事業主のためのQ＆A集」独立行政法人高齢・障害・求職者雇用支援機構
③ 「精神障害者雇用管理ガイドブック」独立行政法人高齢・障害・求職者雇用支援機構障害者職業総合センター
④ 「障害者職業能力開発指導者研修テキスト」厚生労働省職業能力開発局
⑤ 「初めての障害者雇用の実務」一般社団法人障害者雇用企業支援協会編、中央経済社
⑥ 「精神医学ハンドブック第7版—医学・保健・福祉の基礎知識」山下格著、日本評論社
⑦ 「発達障害かもしれない—見た目は普通の、ちょっと変わった子」磯部潮著、光文社新書
⑧ 「アスペルガー症候群」岡田尊司著、幻冬舎新書
⑨ 「よくわかるパニック障害・PTSD」貝谷久宣監修、主婦の友社
⑩ 「コミック版5　障害者雇用マニュアル　発達障害者と働く」独立行政法人高齢・障害・求職者雇用支援機構
⑪ 「よくわかる最新医学非定型うつ病パニック障害・社交不安障害」貝谷久宣監修、主婦の友社
⑫ 「よくわかる双極性障害（躁うつ病）」貝谷久宣監修、主婦の友社
⑬ 「脳の病気のすべてがわかる本」矢沢サイエンスオフィス編、学習研究社
⑭ 「やさしい精神医学入門」岩波明著、角川選書
⑮ 「専門医がやさしく語るはじめての精神医学」渡辺雅幸著、中山書店
⑯ 「精神疾患にかかる障害年金申請手続完全実務マニュアル」塚越良也著、日本法令
⑰ 「障害者雇用管理マニュアル」身体障害者雇用促進協会
⑱ 「障害者の生涯生活設計概説」拙著、文化書房博文社

〔著者略歴〕

布施　直春（ふせ　なおはる）

　瑞宝小綬章受章（2016年11月3日）

　1944年生まれ。1965年、国家公務員上級職（行政甲）試験に独学で合格。

　1966年労働省本省（現在の厚生労働省）に採用。その後、勤務のかたわら新潟大学商業短期大学部、明治大学法学部（いずれも夜間部）を卒業。元身体障害者雇用促進協会（現独立行政法人高齢・障害・求職者雇用支援機構）開発相談部研究開発課長兼身体障害者自立支援センター所長、元長野・沖縄労働基準局長、〔前〕港湾貨物運送事業労働災害防止協会常務理事、新潟大学経済学部修士課程非常勤講師、清水建設㈱本社常勤顧問、関東学園大学非常勤講師（労働法、公務員法）、葛西社会福祉専門学校非常勤講師（障害者福祉論、社会保障論、公的扶助論、法学等）。〔現在〕社会福祉法人思想会（知的障害児施設）理事、羽田タートルサービス㈱本社審議役、労務コンサルタントほか。

　労働法、社会保障法、障害者・外国人その他の人事労務管理に関する著書128冊。主な著書に『Q＆A退職・解雇・雇止めの実務―知っておきたいトラブル回避法！―』『Q＆A改正派遣法と適法で効果的な業務委託・請負の進め方―従業員雇用・派遣社員をやめて委託・請負にしよう！』『モメナイ就業規則・労使協定はこう作れ！―改正高年法・労働契約法完全対応！―』『その割増賃金必要ですか？誰でもわかる労働時間管理のツボ』（以上労働調査会）、『雇用延長制度のしくみと導入の実務』（日本実業出版社）、『改訂新版わかる！使える！労働基準法』（PHPビジネス新書）、『詳解平成27年改正労働者派遣法』、『労働法実務全書』、『外国人就労者の入国手続・労務管理』（以上中央経済社）、『無期転換申込権の対応実務と労務管理』『企業の労基署対応の実務』『雇用多様化時代の労務管理』（以上経営書院）などがある。

これで安心！　障害者雇用の新しい進め方

平成29年9月5日　初版発行

著　者　布施　直春
発行人　藤澤　直明
発行所　労働調査会
　　　　〒170-0004　東京都豊島区北大塚2-4-5
　　　　TEL 03-3915-6401　（代表）
　　　　FAX 03-3918-8618
　　　　http://www.chosakai.co.jp/

Ⓒ Naoharu Fuse 2017
ISBN978-4-86319-583-7 C2032

落丁・乱丁はお取り替えいたします。
本書の全部または一部を無断で複写複製することは、法律で認められた場合を除き、著作権の侵害となります。